むすんでみよう子どもと自然

保育現場での環境教育実践ガイド

井上美智子・無藤 隆・神田浩行 編著

北大路書房

はじめに

　保育においては，子どもと自然とのかかわりが重要だと常にいわれてきました。また，この20年ほど子どもの生活体験・自然体験不足という指摘を受けて，その対応が教育施策に反映されるようになっています。その結果，保育現場の自然体験活動は増加傾向にあり，保育雑誌等でも自然遊びのハウツーは必ず取り上げられるようになりました。一方で，「自然とのかかわりの必要性やかかわり方がわかっていない」「方法だけを真似し，自然物を素材としか見ていない」というように若い世代の保育者の実態を嘆く声も聞かれ，世代間伝達の難しさがあるようです。また，近年，保護者の変化も保育者にとって大きな課題となっており，自然とのかかわりを豊かに取り入れようとする場合にも，その必要性やリスク管理について保護者に丁寧に説明することが，以前にも増して求められるようになっています。そして，もっと広い視野から世界を見れば，21世紀に暮らす私たちは地球規模の環境問題や資源の有限性など様々な課題を抱えており，これから私たちはそれらを克服して，持続可能な社会を創っていかねばなりません。そのためにはどのような自然観を持つかが重要な鍵となります。自然とのかかわりには，そうした新たな役割も求められるようになっているのです。

　それでは，保育者養成教育ではこれらの諸課題への対策は取られているのでしょうか。残念ながら，保育者をめざす学生の成育歴においては，自然とかかわる経験は豊かとはいえず，養成教育でも自然についての学びの機会は少ないのが実態です。具体的には，体験的な学びの機会が少なく，自然科学系出身教員の割合が減少傾向にあって，特に保育士養成課程で対人援助関連の必修科目が増加した結果，一般教育系科目や自然に関係する選択科目が圧迫されています。環境教育を学ぶ科目もほとんど導入されておらず，「環境教育」や「持続可能な社会」という言葉すら知らない学生・養成校教員も多いという現実があります。

　現在，保育内容環境に限定した教科書や自然遊びのハウツーもの，自然素材を使った造形遊びの事例集，科学絵本などはよく出版されています。しかし，自然

はじめに

とのかかわりがなぜ必要かという基本理念を示したもの，それに基づいた自然とのかかわりの具体的なあり方や方法を示したものは数少ないように思います。また，「持続可能な社会を創る将来世代を育てるための教育＝環境教育」の観点から自然とのかかわりをとらえたものもほとんど見あたりません。

　そこで，本書では，それらを示すとともに，実践に具体化しようとしている保育現場の事例を網羅したガイドを作成することで，自然とのかかわりが求められている実態と，保育者の経験不足・指導技術不足の間にあるギャップを埋めていきたいと考えました。また，自然とのかかわりを窓口にして，エコロジカルな自然観を意識し，人の生活が自然を基盤としていることを学ぶための必要性や具体的な実践方法を示すことで，結果として環境教育につながる保育実践が少しでも広がることを願っています。

　環境教育を掲げて自然体験やリサイクル活動，食育などが紹介されることもよくあるのですが，「昔はよくしていた」とか「今は失われた」とされる自然体験や生活体験を単にノスタルジックに再現するだけでは環境教育にはなりません。なぜなら，成育期に自然体験や生活体験を豊かにしていたはずの大人たちが20世紀の環境問題を生み出した当事者であったのですから。持続可能な社会を創る将来世代を育てるための教育としては，一見同じように見える実践に対して，今までとは異なる視点・異なる手法・異なる評価を新たに生み出していく必要があります。このガイドにはそのためのヒントをあちらこちらに埋め込んであります。持続可能な社会を創る将来世代を育てることは，子どもにかかわるすべての大人の責任なのです。

　　　　　　　　　　　　　　　　　　　　木々の芽吹きの美しい4月に
　　　　　　　　　　　　　　　　　　　　　　　　編者を代表して
　　　　　　　　　　　　　　　　　　　　　　　　井上　美智子

# もくじ

●● はじめに……i

1部　考えてみよう

1章　子どもと自然とのかかわり……2
   1.　保育と自然〜今までは〜　　2
   2.　変わらない育ちと変わる育ち　　2
   3.　変わる世界　　3
   4.　変わる子ども　　4
   5.　保育の指針と保育課題　　5
   6.　保育課題と自然とのかかわり　　6
   7.　多様性・循環性・有限性　　9
   8.　自然観を育てる保育　　11
   9.　命に向き合う　　12
   10.「食べる」と「生きる」　　15
   11.　保育者の二つの役割　　16

2章　子どもと自然とのかかわりのあり方から発達と保育の可能性を考える……19
   1.　身体と動植物の共存　　19
   2.　"生命"と"もの"と　　20
   3.　ものへのかかわり　　20
   4.　場に入り込む　　21
   5.　空間の広がりと細部　　21
   6.　時間の展開と反復　　23
   7.　同一性と変異　　24
   8.　自然の美と汚れ　　24
   9.　自然とともに暮らす営み　　25
   10.　自然と表現と文化　　26

2部　はじめてみよう

3章　はじめてみよう……28
1. 「今，ここにある自然」からはじめよう〜日常性と継続性のはなし〜　28
2. 遊びのためのソフトとハード〜心理的環境と物理的環境のはなし〜　30
3. つながりを大切に〜多様性・循環性・有限性のはなし〜　34
4. 見て，聴いて，ふれて，かいで，味わって〜五感のはなし〜　38

4章　自然と遊ぼう……41
1. 園庭で遊ぶ　41
2. 地域の自然で遊ぶ　47
3. 森や林で遊ぶ　53
4. 水辺で遊ぶ　58
5. 田畑で遊ぶ　63

5章　保護者や地域も巻き込もう……69
1. 保護者を巻き込もう　69
2. 地域の人を巻き込もう　71

6章　自然とかかわるときに気をつけたいこと……73
1. 園庭や園外の危険　73
2. 危険を予防する態度を育てる　74

7章　スキルアップしてみよう……77
1. 好きな自然物へ心（耳，目，気持ち）を留める　77
2. もっとよく知る　78
3. 体験する　78
4. 技術を知る　79

3部　見てみよう

8章　園庭・自然環境の見直しから地域の子どもの園へ……82
1. はじめに　82
2. 園庭の自然を植物から見直す　84
3. 土壌改良を工夫してより豊かな植物環境へ　86
4. 植物とかかわりを持たせた遊具の創造　88
5. 里山アプローチから地域の子どもの園へ　92

解説「園庭を変える」　94

9章　子どもと大人のお米づくり体験記……95
1. はじめに　95
2. 食育への道　96
3. お米づくりの実践　97
4. おわりに　102

解説「食から広がる保育」　104

10章　蚕を飼う保育園……108
1. 蚕を育てるきっかけ　108
2. 蚕という生きものの特性　109
3. 養蚕保育の目的　111
4. 保育園での実際〜春は5月（連休直前から）・秋は9月（中旬から）〜　112
5. 養蚕に取り組んだことが人の輪を広げた　118

解説「蚕を飼う保育」　121

11章　保育における動物飼育……122
1. はじめに　122
2. なぜ，幼稚園で動物を飼うのか？　122
3. 動物飼育において，大切なこと　123
4. 幼稚園におけるヒツジの飼育について　125
5. 動物飼育をとらえ直してからの変化　129
6. 今後の課題　130
7. 「自然〜人〜生活」をむすぶ　131

解説「動物飼育」　133

12章　自然体験と父親の子育て力……134
1. はじめに　134
2. 本園の実態　136
3. 「オヤジの会」の活動と自然とのかかわり　138
4. 園行事として親子遊びを仕組む　141
5. まとめ　142

解 説「自然体験と父親の子育て力」　144

●● おすすめの本，自然とかかわる保育実践をしている仲間や団体……145
●● あとがき……147

COLUMN

◆ 持続可能な社会とは何か	8
◆ 幼児期の子どもは生きものをどうとらえるか	18
◆ 生態系とは何か	35
◆ ビオトープとは何か	70
◆ 自然を愛する大人に出会う	72
◆ どのハチもそれぞれの暮らしを	76
◆ ねらいをたてても	80

Q&A

● 子どもが生きものを殺してしまいます。どうすれば…？①	14
● 都会の真ん中で自然がありません。どうすれば…？	33
● 子どもが生きものを殺してしまいます。どうすれば…？②	36
● ちょっとした虫さされやケガでも保護者から苦情がきます。どうすれば…？	75
● 私自身苦手な生きものがあります。どうすれば…？	79

本文イラスト／根岸華子

1部
考えてみよう

1章

子どもと自然とのかかわり

1. 保育と自然〜今までは〜

　子どもの育ちに自然は大切。このことに異議を唱える保育者はいないでしょう。日本の制度としての保育の歴史は明治時代にはじまりますが，今まで政府によって示されてきた様々な指針のなかでも自然とのかかわりは大切であること，そして，その理由として子どもに科学性の芽ばえと豊かな人間性を育てることが，繰り返し確認されてきました。現在の『幼稚園教育要領』や『保育所保育指針』でも，たとえば，科学性の芽ばえの育ちは「性質や仕組みに興味や関心を持つ」や「考えたり，試したりして工夫して遊ぶ」というように，もう一つの豊かな人間性の育ちは「生命の尊さに気づく」というように表されています。そうした育ちのための活動として「飼育栽培」と「戸外保育」が定番です。これらの活動は大正時代から保育に取り入れられ，実践され続けている伝統的な保育内容で，現在も保育の教科書には必ず取りあげられます。最近では，これらに「自然物を使った表現遊び」を加えることができるでしょう。落ち葉や木の実を使って遊んだり，製作を楽しみ，できあがった作品で保育室内を飾ったりする活動は保育雑誌でもよく紹介されます。子どもがよりよく育つことを求める保育者は，科学性の芽ばえや豊かな人間性の育ちを求めて自然とかかわる活動を取り入れてきたのです。

2. 変わらない育ちと変わる育ち

　日本の保育は明治時代から子どもが自然とかかわる意義を認め，「飼育栽培」

や「戸外保育」に代表される自然とかかわる活動を実践し続けてきました。保育観や子ども観の変化にあわせて文言は変わってきたものの，子どもに科学性の芽ばえと豊かな人間性を育てたいという基本の願いは変わっていません。これは，時代や文化によって変わることのない普遍的な発達課題だからでしょう。どこに生まれようと，

やった！　大きなおいも

いつの時代に生まれようと，子どもに対して，これら二つの育ちを求めたいということです。

　けれども，保育や教育という営みは発達課題だけではなく，時代や文化に対応した課題（保育課題・教育課題）も考えなくてはなりません。子どもの育ちを考えるという点では同じなのですが，時代や文化によって課題は変わります。世界は常に変化しているからです。情報化がわかりやすい例で，明治時代の一般庶民が持つ情報と現代の私たちが持つ情報は，質・量ともにまったく違います。明治や大正時代には，テレビやパソコン，ケータイが子どもの育ちにどう関係するかを考える必要はありませんでした。そうしたもの自体がなかったからです。しかし，現代の子どもの育ちにそれらが深く影響していることは誰もが認めるでしょう。こうした現代の保育課題・教育課題の例として，情報化のほかにも，平和や開発，人権，環境などの問題があります。

3. 変わる世界

　自然とのかかわりは，現代の保育課題・教育課題のなかで，開発や環境という問題と関係があります。私たち人間は，20万年ともされる歴史のなかで何度か大きな転換期を経験してきました。一つめは，農耕牧畜の開始です。野生の植物を選び出して栽培し，野生の動物を飼い慣らして家畜化することで，生活が安定し，定住化を進めました。二つめは産業革命です。石油に代表される化石燃料をエネルギー源とする機械を使うことで，今まで身体を使ってしていた作業を早く，

楽に，大規模にできるようになりました。三つめは，まだ歴史の教科書には出てきません。しかし，様々な分野で20世紀後半は大きな転換期だったのではないかと考えられています。未来の教科書にどのような言葉で表されるのかはわかりませんが，地球規模化という特徴があり，情報革命とよばれるかもしれません。モノ・カネ・人・情報が地球規模で動くようになりました。

セミは，もうちょっとこっちだよ！

　こうした転換期のたびに，生活は楽になり，寿命が延び，人口が増え，人間の生活は変わりました。特に，20世紀後半の先進国では物質的に豊かな生活が普通のことになり，望むだけ，あるいは，望む以上につくり，使い，捨てることができるようになったのです。しかし，今回の転換期は，今までの人間が一度も経験しなかった様相を見せはじめています。環境問題が拡大し，地球規模で見た場合の資源の「限界」が見えてきたのです。取りすぎたらなくなるという「限界」の経験は今までにもありましたが，それは地域限定の経験でしかなかったので，場所を変えたり，技術が発展したりすることで解決してきました。しかし，今回の「限界」は地球が舞台ですから，もう場所を変えることはできません。豊かな生活を保障してくれている石油などの化石燃料がいずれは枯渇することも「限界」の一つです。漁業も世界規模で管理をしなければ成り立たないようになってきており，魚も野生生物であり，有限な自然資源だったと気づきはじめています。有限な地球の上でこれから人類はどのように暮らしていけばよいのか。それが，今世紀の私たちが抱える大きな課題なのです。

4. 変わる子ども

　変わる世界が生み出した物質的に豊かな社会は，子どもが育つ環境，社会のなかの子どもの位置づけも変えてきました。少子化や核家族化，情報化，都市化，消費主義，豊かさのなかの格差の拡大など現代社会の特徴とされることが子ども

の育つ環境を変化させています。これらは複雑に絡みあっているので，一つの要因と一つの現実は簡単にはつながりません。それでも，全体として子どもの育ちに影響していると感じることが増えています。豊かな生活と教育機会が保障された社会で育っているにもかかわらず，意欲や向上心，公共心，道徳心の低下などは世界の先進国の子どもの姿として共通するようです。

　自然とのかかわりについては，今の子どもは自然体験不足といわれます。しかし，そもそも大人にとっても自然は身近な存在ではなくなりました。食べもののほとんどが今も農耕牧畜でつくられているにもかかわらず，それは自分ではない誰かがやってくれる労働です。もとは命があり，自然のものである食べものも工場で加工され，包装されてこぎれいなスーパーの棚に並べられ，命を感じられない「商品」となりました。街なかの雑草や動物たちは忌み嫌われる存在になり，街路樹の落ち葉やセミの声に苦情が寄せられます。そういう大人たちがつくる社会に生まれ育つのですから，今の子どもに自然体験が減っているのは当然です。変わる子どもは，変わる世界が生み出した姿にすぎません。

5. 保育の指針と保育課題

　自然とかかわることで子どもに科学性の芽ばえと豊かな人間性を育てたいとするのは，普遍的な発達課題を考えることです。そのため，この二つは明治時代から保育の指針のなかでも常に確認されてきました。けれども，変わる世界・変わる子どもという現実をふまえると，同じ自然とのかかわりを保育課題という新たな目で見直していく必要があります。世界には北欧諸国のようにこうした保育課題への対応が保育の指針に明確に示される国もあるのですが，日本ではなぜか『幼稚園教育要領』や『保育所保育指針』にははっきりと記されていません。しかし，日本の教育がそれらの課題にまったく関心がないかというとそうではなく，教育関連法を丁寧に読み取ると，それなりに示されています。

　たとえば，『幼稚園教育要領』では，2008（平成20）年の改訂時に，それまでの要領に示されていた幼稚園教育の目標が記載されなくなりました。理由は上位の法律である『学校教育法』にすでに示されているからです。その『学校教育法』に記された幼稚園教育の目標は，2007（平成19）年の改正時に「第78条
3　身辺の社会生活及び事象に対する正しい理解と態度の芽生えを養うこと(旧)」

が「第23条　3　身近な社会生活，生命及び自然に対する興味を養い，それらに対する正しい理解と態度及び思考力の芽生えを養うこと（新）」に書き換えられています。この部分にはじめて「自然」という言葉が入りました。そして，その『学校教育法』より上位の『教育基本法』にも，2006（平成18）年の改正時に「第2条　4　生命を尊び，自然を大切にし，環境の保全に寄与する態度を養うこと」が教育の目標部分に新たに加えられました。この改正では第11条に幼児期の教育についての条文も新規に加えられたので，『教育基本法』に示された教育の目標は，幼児期も含めた日本の教育全体の目標だと確認できます。ですから，『幼稚園教育要領』や『保育所保育指針』本文には記されていませんが，この改正で幼児期なりに自然を大切にし，環境保全に寄与する態度を育てる必要性が示されたことになるのです。『教育基本法』は，戦後はじめて改正されたのですから，これは今までになかった大きな変化であり，幼児期の教育に携わる人はこのことを心に留めておくべきでしょう。

6. 保育課題と自然とのかかわり

　変わる世界・変わる子どもという現実を受けて，自然とのかかわりを保育課題としても考え直さなければならないとしました。ここでは，もう一歩進んで，その具体的な理由を三つあげてみたいと思います。一つめは，生物としての自分を確認し，受けいれるためです。私たちヒト（生物としての人間は「ヒト」と名づけられています）は，生まれてから死ぬまで生物であり，生物としての生身の自分の身体とつきあい続けなくてはならず，人を愛するときや親になるときには他者の身体とつきあいます。そもそも私たちは何と出会うときにも，目や耳，手といった感覚器官を使い，受け取ったものを脳で認めるのですから，生物としての自分の身体を通してしか世界と出会うことができません。自分も生物であるという実感は，他の生物に共感したり，生態系というものを理解するときにはなくてはならないものです。

　二つめは，ヒトの子どもの発達がもともとは自然のなかでなされてきたという事実です。発達のありよう自体も，生物種としてのヒトが長い進化の過程で手に入れてきた筋道を示しています。そして，現生のヒトは20万年の歴史のほとんどを，自然のなかで自然要素とかかわりながら生き延びてきました。自然要素に

は人工物にない性質があり，それらとかかわることで子どもが生まれ持つ発達の姿をより豊かに引き出してくれるのならば，現代的な生活は結果としてその機会を奪っている側面があるのかもしれません。たとえば，自然のなかで身体を使って自ら遊び込むことでより高い運動能力や判断力が育ち，遊具や玩具のないところで遊びを創出することでより豊かな創造性や

大切なお団子，さわらないでね

自発性，想像力が育つ可能性もあるわけです。人間が豊かな文化を持つようになったのも万年単位の時間をかけて自然のなかで社会を営み育んできた力が起源となっています。

　三つめは，私たち人類が直面している課題に向かうためです。地球規模の人口増加や環境問題，有限な資源という現実をふまえると，21世紀に生きる私たちの課題は持続可能な社会を創ることです。その基盤として，自然，そして，自然と人間との関係をどのようにとらえるかが重要で，持続可能性を意識した自然のとらえ方を教育のなかに意図的に取り込んでいかねばなりません。

　これらの三つを短くいいかえると，「生物性の確認」「より豊かな発達の機会提供」「持続可能な社会形成の基盤づくり」となります。はじめの二つは，自然が街のなかにも無造作にあり，道路は舗装されておらず，お風呂は家になく，洗剤や制汗剤など売っていない時代には，意図せずとも誰もが自ずと身につけていたことでした。しかし，行き過ぎた清潔主義や安全主義に見られるように，現代の先進国の都市生活では意図しないと得がたくなっています。そして，最後の一つは新たに必要になったものです。どれもが社会の変化にともなって新たな意義として考えざるを得なくなったもので，互いに関係があります。

　人間の生活は自然を基盤にして成り立ち，その自然を有限だととらえること。これは20世紀前半には，わざわざ取りあげる必要がありませんでした。人間の生活はもっと自然と密着していたので，自然が基盤であることは教えられなくても生活のなかであたりまえのように身についていたのです。また，自然にあるも

持続可能な社会とは何か

　持続可能な社会とは，人間の活動が持続する社会のことで，"sustainable society"という英語を訳したものです。もともと持続可能性（sustainability）という考え方は，経済分野の「自然資本の持続的利用」や「経済成長の持続」というとらえ方が出発点です。第二次世界大戦後は経済成長が何よりも重要とされた時代でした。ところが，その頃から環境問題や資源の枯渇が問題となりはじめます。そこで，自然資源の持続的な利用がなければ経済成長もあり得ないという考え方が生まれました。それが，「持続可能な開発（sustainable development，略してSDとよばれます）」という考え方です。持続可能な開発は1992（平成4）年の地球サミットや2002（平成14）年のヨハネスブルグサミットのテーマで，実現のためには教育が重要だとして，国連は2005～2014年の10年間を「持続可能な開発のための教育（education for sustainable development：ESD）の10年」と定めました。しかし，「持続可能な開発」と「持続可能な社会の形成」は必ずしも同じではなく，前者を批判的に見る人もたくさんいます。本書では，「持続可能な社会の形成」を目標とする立場を取っています。

　それでは，「持続可能な社会」とはどのような社会なのでしょうか。これについても，一致した答えはありません。とりあえず人間の活動が持続することですが，そのためには人間にとって必要な自然が持続しなければなりません。また，資源の枯渇や環境問題がある程度乗り越えられ，人間が望む基本的なニーズが満たされている。しかも，公正に，平等に。持続可能な社会の形成を達成するにはとても複雑で困難な課題があります。そして，その基盤として最重要なのが自然の性質，そして，人間と自然の関係の理解です。自然に対して20世紀と同様の向き合い方をしていては，持続可能な社会を創ることはできないからです。「持続不可能な社会」に向かって進み続けるのか，それとも，「持続可能な社会」を模索しながらでもめざすのか。21世紀に暮らす私たちは，その分岐点にいるのです。

のを取り尽くしても場所を変えればよく,ほかに代わりがありました。自然体験・生活体験は子どもの日常にあたりまえのようにあって,わざわざ学ぶものではありませんでした。ところが,保育が飼育栽培や戸外保育を取り入れはじめた時代にはありふれていた生きものの多くが,今は身近な環境にいなくなり,絶滅危惧種のリストにあがるものもあります。自然が身近でなくなった現代の生活では,自然が基盤であること,そして,好きなだけ自然を利用すればよいととらえていては成り立たないことを意識的に学ばなければならないのです。

 7. 多様性・循環性・有限性

　自然,そして,自然と自分との関係のとらえ方(自然観)は,大人になるまでの自然とかかわる様々な経験や学習によって,ゆっくりと形づくられていきます。同じ自然という言葉に向かっても,そのとらえ方は人によって様々です。植物でも,必要なときに買い,いらなくなったら捨てるものととらえる人がいれば,自分の生活になくてはならない生きもので捨てるなど考えられない人もいます。自分の生活圏に入ってくる生きものは虫であろうと鳥であろうとすべて排除すべきとみなす人がいれば,その一つひとつの存在にいとおしさを感じる人もいます。開発のための自然破壊ならやむを得ないという人がいれば,どのような自然破壊も反対という人もいます。自然が劣化しても人間の技術があれば困らないとする人もいれば,自然の存在自体に価値を感じる人もいます。こうしたとらえ方のどれが正しいと安易にいうことはできず,また,強制できることでもないでしょう。しかし,持続可能な社会を創るために,人々の持つ自然観の中身が重要であることも確かです。自然はいろいろな性質を持っていますが,持続可能な社会を創るために必要な自然のとらえ方として,ここでは「多様性」「循環性」「有限性」という性質をあげます。ただし,ここでいう自然とは,あくまでも私たち人間が暮らす地球上の自然のことです。

　一つめに,自然にあるものが人工のものと決定的に違うのは,時間的にも空間的にも豊かな変化があって,多様な要素から成立していることです。「多様性」は40億年といわれる生命の歴史のなかでセーフティネットのような働きをしてきました。生物の暮らす地球という環境は長い歴史のなかで大きく変化し,時には8割を超える種がいなくなるような大絶滅があったとされています。そうした

歴史を経て生物が現在まで生き延びられたのは、多様性があったからこそでした。私たち人間に個性があるのも、私たちが生物だからです。他者の個性を受けいれるということは、自然の多様性を認めることと同じなのです。

二つめが、「循環性」です。自然の要素は、生物・非生物にかかわらず、お互いに関連しあっています。私たちヒトという生物の身体も原子でできています。そうしたミクロな原子のレベルでは、身体の外にあった物質が呼吸や食事を通して私たちの身体の一部となり、排泄や死を通して再び私たちのものでなくなり、分解されて大気や大地に戻り、いつかまた他の生物に使われるのです。私たちが生きるということは、いつも、そうやって自分を取り巻く世界とやりとりをするということです。どの生物も平等に物質循環のなかにいて、そこから外れることはできません。また、私たちは命の循環のなかにもいます。親世代から生まれ、次に子世代へ命を伝えていきます。地球上にいるすべての生物は、そうしたつながりのなかに生きているのです。

お顔とヒマワリ、どっちが大きい？

三つめは、「有限性」です。最も身近な例としては、命の有限性があげられます。有限で、また、個々の命のありようはこの世界に一つしかないものであるがゆえに、命は大切だとされるのです。そして、一つの命だけではなく、生物を種という単位で見た場合にも、一つの生物種の個体数は有限です。過去をふり返ると、生命の歴史は絶滅の連続でもありました。人類誕生以降も多くの生物が絶滅しました。たくさんいるように見えても、その数は無限ではないので、生息環境が激変したり、人間が取りすぎたりしたら絶滅してしまうのです。また、地球は球体で表面積も体積も有限であり、人間が使える土地の面積や地下資源にも限りがあります。だから、取り尽くし、使い切ってしまえば、なくなるのです。

地球の自然のシステムは、有限な空間のなかで多様な生物・非生物が互いにつながり、循環しています。それは「生態系」ともよばれます。持続可能な社会を創るためには、そうした自然の性質を前提とし、そのなかでの動き方を考えるし

かありません。人間のために無限に資源を与えてくれ，廃棄物を処理してくれ，望むときだけ美しさを見せてくれるような自然など存在しないのです。

8. 自然観を育てる保育

　今までの保育は自然とかかわるとき，子どもに科学性の芽ばえと豊かな人間性の育ちを望んでいました。どのような自然のとらえ方（自然観）を子どもに持ってもらいたいのかを考える必要はなく，子どもの育ちだけに焦点があわされていたのです。けれども，今までなら考えなくてもよかった課題を保育の場でも考えていかなくてはならない時代です。保育の活動を通して「人間自身が生物であり，その人間の生活は自然を基盤にして成り立ち，その自然は多様性・循環性・有限性を持つこと」を子どもに伝えていくのが新たな課題です。これは，自然とのかかわりに科学性の芽ばえと豊かな人間性を求めるだけでは育ちません。大人でさえ自然と離れた生活をし，子どもも現代的な暮らしのなかで育つので，昔ながらの同じねらいで同じ活動をしていても得られないのです。

　保育とは，環境を通して行うものです。子どもが日々繰り返していく経験を通して人間としての生き方を自ずと身につけていくことが幼児期の「学び」の姿です。毎日の生活のなかで子どもが豊かな経験を蓄積できるよう環境を整え，援助するのが保育者の仕事ですから，自然観を育てる保育を実践するとは，そのように環境を整える，子どもが活動できるよう計画することになります。また，子どもが信頼する大人の言動を価値あるものと認め，それを模倣するということも忘れてはなりません。

　保育者はねらいを持って実践し，子どもの育ちを評価するのですが，幼児期の子どもの育ちとは，一つの「経験」が一つの「学び」として目に見えてくるようなものではありません。自然が人間の生活に深くかかわっていること，そして，人間の活動が持続するために知っておかなければならない自然の性質（多様性・循環性・有限性）を経験できるよう保育者が意図的に保育環境や活動を考えたところで，次の日から子どもが「自分たちは自然の一部だ」とか「自然には多様性・循環性・有限性がある」などと語ってくれるわけではありません。幼児期の経験は形にならないまま身体の奥深くに残り，将来，ものごとを抽象化・対象化して見ることができる発達段階になったときに，力強い基盤として生きてくるのです。

1部●●●考えてみよう

ヒマワリ，いっぱい咲いた！

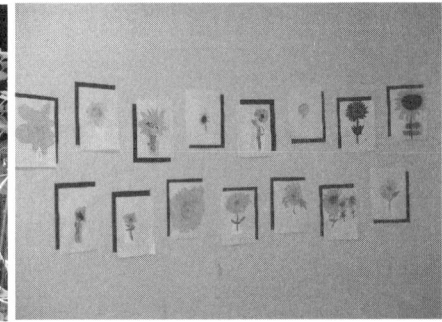
お部屋もヒマワリで飾ったよ

子どもは就学後に自然や環境問題，自然保護に関する知識を体系的に学んでいきます。そこで学ぶことが自分とは無関係な表層的な知識に終わらず，実感をともなう深い知識につながるためには，身体的な感覚を通して情動をともなって溜め込んだ豊かな経験を積むことが必要です。たとえば，生態系という概念を知識として学んだときにも，多様な生物が同時に暮らす場でよく遊び，生きものが生きものを捕食する場面に何度も出会い，食べものを自分で育て，自分の生物性を身体で肯定的に感じるというような経験を，楽しさ・気持ちよさ・感動・驚き・悲しみなどの心の動きとともに積んでいることで，どの生物にとっても環境の質や他の生物の存在が重要であることが想像でき，他の生物に共感でき，その結果として，机上で学ぶ生態系という概念が実感をともなった知識として落ち着くのです。

9. 命に向き合う

自然観を育てる保育で欠かすことができないのが生きものとのかかわりです。生きものとかかわることは，命の大切さを知ることができ，結果として豊かな人間性の涵養につながるとして，保育でも常に重視されてきました。一方で，私たち人間は，生きものの命を奪うことによってしか生きていけないという矛盾を抱えた存在です。狩猟採集も農耕牧畜も，自分たちが生きるために他の生きものの命を奪う活動です。森に入ると，つい木の実や花，動物に目がとまりますが，私たち人間も本来は自分の力で食べものを見つけなくては生存できなかった動物なのですから，あたりまえのことかもしれません。

死に出会う経験によって命の大切さを学ぶといわれることがありますが，そうではないでしょう。死に出会う経験がつらいのはその「生」が価値あるものだからです。生きものの「生」と時間を共有すればするほど，かかわりが密接であればあるほど，死による喪失感が大きく，失われた命の価値を，有限な命の重みを心からとらえられます。命の大切さは，死に出会う経験ではなく，「生」にかかわる経験から学ぶのです。「生」にかかわる経験が希薄であるとき，死はただの死であり，大人から諭されようと，お葬式ごっこやお墓づくりをしようと，命の大切さの理解にはつながりません。

　そもそも人間は幼い頃から命あるものとないものを区別し，他者への共感性を持つように生まれついているようです。子どもはまわりの大人が人間も含めた命あるものにどう向き合っているかをいつも見ています。命は大切だという人でも，ほとんどの人は自分に止まった蚊を殺すでしょう。また，食べるということは他の生物の命をいただくということであり，他の生きものの命を奪わずに生きていける人はいません。一方で，「命は大切に」とも言います。それは矛盾しているのですが，大人は逡巡する姿を見せるしかないのです。そうした矛盾をわかりつつ，命を尊重し，共感性を持つ大人に育てられていれば，命の大切さを知識として教えこまなくても子どもは自ずと身につけていきます。殺す経験がなくても命を大切に思うようになる子どももいるし，好奇心や無知によって死なせてしまい，その経験を深く心に刻む子どももいます。そういう子どもは死の経験以前に，心を動かす「生」の経験を積んでいるのです。

　しかし，子どもを取り巻く環境は変化し，人間以外の生きものの「生」にかかわる経験がほとんどなく，自然を否定的にとらえる子どももいます。また，様々な理由で子育てに困難を抱える家庭が少しずつ増えています。共感性を持つように生まれついていても，まわりの大人の言動や導きに影響され，いろいろな条件が重なって共感性がうまく育てられていない子どもや残虐性が見てとれる子どももわずかながらいます。そうした子どもに対して，他の生きものの命を奪うような行為を認めるのかどうかは難しい問いです。無為に命を奪う行為の背景には子ども自身が抱えている課題があるはずで，それを理解している保育者はその行為ごと認めることで，その子ども自身を受け止めようとします。しかし，保育者の思いがその場面だけに終わるのであれば，無為に生きものの命を奪うという行為が認められたと子どもが受け止めてしまう可能性があります。そのような子ども

にこそ，「生」にかかわる経験や共感性を発達させる機会が継続的に豊かに与えられなくてはならず，他者の命をいとおしく思って大切にしようとする大人や友だちにたくさん出会い，自分自身も大切にしてもらう経験が必要です。つまり，子どもの受容と行為の受容は別の問題であり，共感性をどう育てるのかという大人の意図と継続的なかかわりが重要になってきます。無為に命を奪う行為には背景があります。命を奪う場面だけを取り出し，その経験の是非や意義を問うことには意味がないのです。

 子どもが生きものを殺してしまいます。どうすれば・・・？ ①

　最も多いのが，扱い方が未熟で殺してしまう場合です。昆虫なら足や羽がもげてしまったり，忘れてしまって気づいたら死んでいたということがあります。といって，捕まえたい，さわりたいという欲求はあって当然で，自分の手でその存在に触れて知ることは生きもの観を育てるうえでとても重要です。生きものを捕らえるおもしろさやわくわくする気持ちは何ものにもかえがたいものです。だめという規制は子どもの自然に対する関心をそぎ，自然は離れて見るもの，身近ではないもの，壊れやすいものというとらえ方を育ててしまうでしょう。

　一方，子どもの意欲だけを評価し，どんな扱い方も認めれば，子どもはその行為をよしとします。虫かごいっぱいにバッタやカマキリを詰めて帰ってそのまま忘れてしまう子ども，たくさんセミを入れた虫かごをふり回して遊ぶ子どもは，好奇心旺盛で自然物を利用して遊ぶ意欲があるという点で評価できても，生きものに対する知識や共感はどうでしょう。幼虫の飼育ケースの食草がしおれていても平気で，かごのなかの虫の死骸をゴミのように淡々と捨てる保育者の姿から，子どもは命の大切さを学ぶのでしょうか。子どもが命を粗雑に扱うとしたら，それはその子どもにかかわる大人の姿を反映しています。家庭が課題を抱えているのかもしれないし，それまでの保育のなかで命をほんとうに尊重する実践をしてこなかったのかもしれません。普段の生活のなかで，自分自身の生きものへの向き合い方に問題がなかったかどうか，大人がふり返ってみましょう。

10. 「食べる」と「生きる」

　食をめぐる活動も命に向き合うことですから，自然観を育てることにつながります。食べるという行為は，あらゆる生きものにとって生きていくための基本です。人間にとってもそうなのですが，豊かな現代社会ではそれを忘れがちです。命は大切であるといいながら，私たちは日々，他の生きものの命を奪うことを繰り返して生きていきます。食べることは，他の生きものの死の経験でもあるのです。そこで，食べるものを育て，調理し，食べる。その残りは自然に還す，排泄するという様々な経験をつないでいくことで，どのような人工的な環境にいても人間は自然を基盤にしているのだということの学びの機会とします。これは，1回だけイベントのようにしても意味はなく，継続して積み重ねることによって意味のある経験となるので，年間を通して指導計画のなかに位置づけていきます。

　子どもたちは，食べものを園庭や地域の田畑で栽培・収穫し，調理して，食べます。私たちが毎日行う「食べる・消化する・排泄する」という行為は自分の身体という自然を舞台になされる自然の営みです。農耕牧畜は私たちの「食」を支える自然とかかわる文化でもあり，これまで多くの人がかかわり，人から人へと伝えられてきました。調理や食事にかかわる様々な行為も文化的な営みです。保育者や友だちと一緒に活動するだけではなく，幼稚園や保育所の外へ目を向けることにより人とのかかわりはもっと豊かになります。たとえば，地域の農家の人に野菜やイネの栽培方法を教えてもらう，田畑の様子を見せてもらう，収穫や調理に保護者を巻き込む，昔ながらの調理方法や郷土料理を教えてもらう，というように。こうした人たちとの直接的なつながりを繰り返していくことで，スーパーの店頭に並んでいる食べものや食卓に出される料理の背後にたくさんの人の知恵や労働があることに気づき，地域への愛着や食べものの大切さ（命の大切さ）を学んでいきます。『幼稚園教育要領』と『保育所保育指針』の 2008（平成20）年の改訂（改定）では，食育の必要性が明記されました。食育とは，自分の身体という自然や食べものという自然に向き合うことであり，命に向き合うことでもあるのです。生活のなかで日々繰り返す「食」に自然とのかかわり・人とのかかわりを意識します。自然観を育てる保育は，自然〜人〜生活をむすぶ保育実践といいかえることもできます。

ニンジンの芽が大きくなったよ

おいしそうなお料理でしょ

11. 保育者の二つの役割

　21世紀の保育課題を考える実践は，言葉にするのは簡単ですが，実行はなかなか大変です。というのは，私たち大人が抱えている課題の解決をめざしながら，同時にそれを子どもに向かい合う保育の場でも考えるという複雑なものだからです。自然とのかかわりについても，子どもに自然体験が不足しているといいながら，そういう大人がつくりあげた社会が子どもから自然体験の機会を奪っている現実があります。また，大人が以前のような生活をせず，自然とかかわってもいないのに，子どもには生活体験・自然体験が必要だとするのです。ですから，保育課題に向かうということは，「一人の人間として自分の生活を考え直す」と「保育者として子どもに伝える」という二つの役割を同時に考えていく作業になります。

　子どもに生活体験・自然体験が必要だというなら，自分がその意義を認めていなくては意味がありません。現代的な生活様式が進む過程で，生活体験・自然体験も変わってきました。自分自身が現代的で便利な生活を享受し，自然に関心がないのに，子どもにだけ生活体験・自然体験を強要しても意味はなく，といって，自分だけが昔のような自給自足や手づくりの生活に戻るのも不可能でしょう。しかし，現代的な生活をしながらも，日々の暮らしの背後にあるもの，生活や文化の基盤にある自然の存在を常に意識することならできます。保育のなかで考えるときには，自然とのかかわりに今までと違う願い（ねらいといいかえてもいいでしょう）を加えます。今までの保育のなかで実践してきたことに，自分がどのよ

うな願いを持っていたのかをふり返ってみます。もし，子どもの育ちにしか関心がなかったとしたら，それは発達課題にしか関心がないということです。世界や子どもの現実をふまえた保育課題をどう意識すればよいのかを，これから考えていきましょう。

変わる世界・変わる子どもを前にして，子どもと自然とのかかわりに，今までと違う願いをつけ加える。これが，未来の社会を担う人たち（今の子ども）の教育にかかわる人の役目です。保育は「科学性の芽ばえ」と「豊かな人間性」の育ちを目的として自然とかかわる活動を長らく実践してきました。そこに新しい願いを加え，内容をもっと豊かにするためには，どうすればよいのでしょうか。

自然とのかかわりに関する限り，明日から使えるお手軽な保育のツールはありません。自然とかかわることで育つものは，子どものなかにゆっくり蓄積し，すぐ目に見える形にならないのです。自然素材を使った表現遊びのハウツーはよく紹介されますが，作品の完成が目的であればプラスチックの代わりにただ自然素材を「利用」しただけにすぎません。日々の生活で自然要素とふれあい，時間をかけてゆったりと身体を使って遊びこむことを繰り返し重ねることが大切です。そのためには，まず，保育者が自然のとらえ方を変え，自然を愛で，楽しみます。私たち人間は，自分自身が自然の存在であり，自然がなければ生きてはいけません。自然は苦手だという人でも，空気を吸い，他の生物を殺して食べています（菜食主義の人でも，植物という生きものの命をいただいているのです）。人間は，自然に興味がなくても心や生理機能が自然要素に勝手に反応することが報告されており，自然に親しみを感じるよう生まれついていると考えられています。

次の段階として，自然についての知識を増やします。音楽が好き・製作が好き・絵本が好きなど保育者にも得意分野があるでしょう。自然が好きという保育者が園に一人でもいたら，その人からはじめてもよいのです。保育者には専門職としての意識の高さや保育をよくしたいという気持ちがあるので，それを自然とのかかわりという方向にも向けます。個人レベルでいえば，自主的に地域の自然観察会や自然体験活動の指導者養成講座などに参加したり，自然環境の創出や自然体験活動に関係する資格を取得したりできます（146頁参照）。園レベルでは，保育者個人の努力に対して時間や経費という形で支援する，園内研修や園内研究をするなどの方法があります。一人ひとりの保育者の意欲も大切ですが，管理職の考え方も重要です。また，個々の現場で実践されているよい取り組みをいろいろ

な園が共有していくことで,保育が全体としてより豊かになっていきます。

　変わる世界・変わる子どもに対応するためには,どのような新しい取り組みやものごとのむすび方があるのか。50年後,100年後の未来にどのような社会になっていてほしいかを考えたとき,今の子どもたちに自然とかかわる機会をどのようにどれだけ提供すればよいのか。私たち大人が「今」考えなくてはならないことなのです。

幼児期の子どもは生きものをどうとらえるか

　幼児期の子どもは生きものや生きていることをどうとらえるのでしょうか。幼児期の特徴として,無生物にも命や意思があるかのように擬人化する「アニミズム的思考」はよく取り上げられてきましたが,近年,生きものについての概念がどのように発達していくのかを調べる研究が進み,単なる知的未成熟ではなく,幼児期の子どもでもかなり進んだ生物学的理解をすることが報告されるようになってきました。

　たとえば,食べものから生きる力を受け取って,それが身体を動かすととらえたり,人間に近い動物の行動を見るときには,人間を基準にして,人間に関して持っている知識をあてはめたりします。そして,生きものに関する概念の獲得のありようは個々の子どもの経験によっても,その子どもが育つ文化によっても異なります。ですから,動物の飼育経験のある子どもはより具体的でより豊かな生物学的知識を持つようになり,他の生きものについても,飼育している動物にあてはめて類推したり,予測したりできます。こうした幼児期の概念理解は就学後に理科で学ぶ生物の理解にもつながるようです。

　幼児期に生きものとかかわる経験を豊かにしておくことが,その後の学びの肥やしになるのです。この分野については,稲垣・波多野らの研究がよく知られています(たとえば,『子どもの概念発達と変化』稲垣佳世子／波多野誼余夫　共立出版　2005年)。

●●●●●●●●●●●●●●●●●●● 2章

子どもと自然とのかかわりのあり方から発達と保育の可能性を考える

 1. 身体と動植物の共存

　人間が自然とともに過ごすということは，単に自然があると癒されるとか，自然を大事に思うから保存したいということにとどまらないものです。それらは自然の大事な働きであり，人との関係といえます。自然をこれ以上破壊せずに，その多様なシステムを将来に向けて残していけるようにするのは，破壊しうる力を持ってしまった人類の責任でもあるのです。しかし，それからさらにもう一歩進んで考えてみると，人間が暮らし生きていくことには動植物を含めた自然とのかかわりが本質的かつ内在的な意味を持つのではないでしょうか。

　動物とのかかわりを取り上げてみましょう。人類発生の頃の進化の歴史においてすでに人間の居住地には家畜や半ば愛玩される動物がいたらしいとされています。あるいはまた，乳児は愛玩される動物に近い存在であるともいえるでしょう。赤ちゃんは，生命を持ち，愛らしい存在でありつつ，大人に依存し，世話され，排泄などの世話も必要です。

　人間は生物学的存在であり，身体を持って生きています。他者の身体にかかわり，触れ，抱いたりします。そこでは皮膚の接触のみならず，においや声もして，また表情の交換もあり，人との関係が成り立っています。そういった関係の中核はまた動物とのかかわりにおいても同様に成り立っているのです。身体を持って生きている存在である人間には，動物とのかかわりはいわば本来的に人であることに組み込まれているといえるのではないでしょうか。

2. "生命"と"もの"と

　自然とは，動物と植物とさらに非生物である諸々とのシステムです。そのなかに人間が組み込まれていながら，実際の生活ではそういったことを思い出さなくてもすむような環境に暮らしていることが多いのです。特に小さい子どもにとって，清潔できれいな環境とはそういった自然物を排した，あるいはごく一部のきれいな自然だけを取り出して人工的な環境に取り入れておくということにとどまります。

　自然との共生とは，単にたまに自然の断片に接するということを超えて，そういった様々な自然についてかかわりを広げ，自然としてのあり方を感じられるようにするということです。特に，生命を実感できることと，その生命が諸々の動植物に共通し，さらに自分たちとの同じ要素を持つのだとわかることが大切となります。また，砂や土や水や日の光や風など生物でないものにしても生態系のように生物の住まうところであり，生物と密接な交渉のもとで成り立っていることを理解していきます。

3. ものへのかかわり

　子どもにとってとりわけ，砂や土や水や日の光や風などは素材としてかかわりやすく，自然の特性を感じさせるものでもあります。それらは子どもの遊びでの素材となり，また生物が育ち暮らす場を構成するものでもあるのです。砂遊びなどが自然にかかわる遊びといえるかどうかは定義によるでしょうが，自然物を構成する一つのものへのかかわりには違いないでしょう。またその素材としての特徴は人工的なものと異なる複雑さを持つに違いありません。小さい単位に分かれることや独特の感覚などがそうです。また特に土ともなれば，そこには微生物のみならず，様々な生きものが棲息し，

こんなにすてきなリースができた

その動植物はまたいずれ土に還ります。

遊びとしては子どもがそこに積極的にかかわり，加工したり，変化させたりできると，おもしろくなり，さらに継続的にかかわります。そこから手応えをじかに感じ，物質としての特徴をとらえていくのです。光や風などはものとしての実質的な存在感はないとしても，そこにかかわ

マツボックリで飾ったよ

る活動として，光の明るさや温かさ，あるいは風がものを飛ばす様子などを通して，存在することの実感を得るでしょう。幼児期の子どもに科学的に正確な理解を求めているのではありません。存在としての実感を得ることが何より大事なのです。

 4. 場に入り込む

生態系としての自然は何よりその場に入り込むことにより実感できます。入り込むとは全身が自然のなかにあり，四方八方また上も下も自然物に囲まれ，そのなかを移動することにより，自然の諸側面を感じ取ることです。そのものに手を出し，においを感じ，触感を味わい，見たり聞いたりもまたそのものを囲むいろいろな角度から体験し，さらに扱い，動かし，変形させたりするところでわかっていくことがあります。

日頃接している園庭などにおいて，どこに何があり，どういったものが見つかりやすいかがわかっていきます。単に眺めるだけでなく，裏側に回り，下側に入って見上げ，あるいは間近に見てみます。ものの些細な特徴がわかるというだけでなく，そのものと他のものがそばにあり，どういったつながりが成り立っているかがわかってくるのです。生態学的な依存関係は理解できないとしても，たとえば，ドングリを拾えば，それが見上げたところの木の枝になっているとわかる。アリを追っていくと，そのアリが巣穴に入るところが見られる。そういった程度のつながりは子どもでも十分にとらえられます。

5. 空間の広がりと細部

落ち葉ひろい

子どもにとっての生態系をさらに広げてとらえると、たとえば、園庭や公園全体、園全体が視野に入ってくるようになります。そういったところには、いわゆる自然以外にも飼育小屋もあるだろうし、砂場や遊具もあるでしょう。土の地面が広がり、それが大きく見えています。木々に果実が実っていたり、花が開き、落ち葉が散ることでしょう。それは園での生活の場となっており、そこに自然が組み込まれているのです。現代社会の自然は人の生活と切り離されてあるのではなく、生活の場と重なり合いながら、存在するところで、大人にも子どもにも身近なものとなっていきます。

子どもの活動において自然にかかわり、自然物を用いたとして、それは純粋に自然へのかかわりだけで成り立つということではありません。特に小さな子どもにとって、たとえば様々な形のドングリを使ってコマをつくったり、回すとして、そのためには人工的な道具を使い、段ボールなどの上で回すことになります。とはいえ、それが自然に属するものだとわかることは、その自然物の出所が見えていることで可能となるのです。誰かが持ってきたドングリと子ども自身が木々の下で見つけて集めたものでは意味が異なります。

大きな空間のなかに様々なものがあり、そこにいわゆる自然に属するものも人工に属するものもあります。その細部に焦点を当てていくと、自然物が浮かび上がり、さらにそこに小さな様々な自然物が相互に生態的な関係を持ちつつ存在しています。それはちょうど子どもが園庭を見回し、おもしろそうなものを探し、見つけたもので遊び、さらに多くを見いだそうと、そのまわりを探索していく過程と対応するのです。

6. 時間の展開と反復

　自然は時間的に変化していくものです。二つの変化する時間があります。一つは誕生から成長し死に至る時間。もう一つは同じ変遷を繰り返す循環する時間です。成長の時間は動物や草花によく見られます。循環する時間は木々の1年間の変化に見られますが，動物などでも四季の折々の生態の現れに探ることができます。

　人もまた生物としてそういった時間を共有していますが，それは小さい子どもには見えにくいことなので，動植物へのかかわりから理解を進めようとするのがよいでしょう。生命の理解の基本をなすことであり，また，四季の行事などにより社会的に構成される循環する時間を感じさせるのが大切です。

　動植物の飼育栽培が特に意味があるのはそういった成長の時間に出会うところとなるからです。動物の死に出会うことはめったにないとしても，誕生と成長は理解できます。時に生き餌を食べるカマキリ飼育では，他の動物の死をともなうことに出会わざるを得ないのです。成長するとは時間的に緩やかに変化していく過程です。スナップショットをいくつかの場面で撮るといったことではなく，日々のかかわりを通していつの間にか以前と異なっているというのが生物の成長にともなう変化です。そういった時間を自らのものとしていくことがそういった活動で生じていくでしょう。

　循環する時間は何より植物の四季による変化で実感できます。小さな子どもは以前の記憶を持つ力が乏しいので，秋の落ち葉を見ても，芽が出たときや葉がうっそうと茂っていたときとくらべたり，季節の変化を感じ取るのが難しいのです。毎年の活動の繰り返しから前の年を思い出すのは年長児くらいでは可能かもしれません。また，たとえば，早春の芽ぶきや晩秋の紅葉した葉が強い風で多量に舞い散るときなどに，循環としての変化を実感できるようになるでしょう。

えびフライを並べたよ！（マツボックリをリスが食べたあと）

7. 同一性と変異

　自然物の一つの特徴は同一の種類であれば、安定した形やパターンを持っていることです。イチョウの葉は常にイチョウらしい形であり、ウサギは常にウサギらしい形や動きをします。それは人工物と異なる自然の大きな特質です。同時に、その同一の形をめぐり、いろいろな変異があり、ズレが起こるものです。同じようにイチョウの葉であっても、いろいろな大きさがあり、微妙に形も異なるだろうし、色づいてくれば、その色合いは1枚ずつ違うでしょう。

　人間も生物なので、同じような形と動きを持っていても、それをめぐっての変異も様々です。自然界にはきわめて突飛なものもありますが、子どもの身近な範囲においては、種類ごとに安定した形と変異になっています。それは子どもにとって、種類を同定可能とすると同時に、わずかな違いに気づかせたり、利用したりといった遊びも可能となるものです。安定した知識にもなっていくでしょう。図鑑が成り立つのはまさにそのためです。進化による変化はあり得るとしても、それは子どもの生活する範囲を超えていて、人工物がしばしば新製品を出してくるのとは異なります。

8. 自然の美と汚れ

　自然にかかわるというときに一つの要素はその美しさですが、子どもにとってもそうなのでしょうか。少なくとも子どもがしみじみと自然を観賞している様子は見られません。だからといって、自然の美しさが子どもに関係ないわけではないでしょう。たとえば、きれいな石や貝殻を拾って集めることは子どもによくある行動です。ただ、鑑賞するという美しさのあり方とは異なるのではないでしょうか。

　石を集めるにしても、それは見つけて、集めるという行為に力点があるのでしょう。落ち葉などを彩りよ

チャボってかわいい

く並べたりもしますが，それもまた並べ，表現物としていくところに子どもの興味はあります。ものを探したり，見つけたり，取ったり，遊びに使ったりと，活動に組み入れてこそ，自然のよさは子どもの心を引くものとなり，そうやって見いだされたよさには美しさということへのつながりも見られるのです。

　その一方で，自然には汚いとか，不潔であるとか，嫌なにおいがすると受け取られる面もあります。それらをきれいで美しく好ましいところと切り離していては，自然はそれとして受け入れられるわけではなく，いわば切り花の美しさにとどまることになります。たとえば，チャボやザリガニが汚いとか怖いと思っていた子どもがそれを抱いたり，手に持ったりして，さらに餌を与えるなどしているうちに，かわいくなり，それまでの汚いとか怖いと感じていたものが好ましいものに変わっていくのです。動物のにおいが嫌，汚いというところを超えて，おもしろいとか楽しいということの一部になっていくことを通して，生命ある自然とのかかわりが深まっていきます。

9. 自然とともに暮らす営み

　現代社会の子どもの生活はますます自然との共存のあり方から遠ざかっています。それが小さい子どもの育ちにとって本当に好ましい環境となるかどうかが問われています。といって，いたずらに昔に戻ればよいというわけにはいきません。子どもは大人とともに現代の生活のなかで暮らしているのです。冷暖房が自然の風土や気候から離れるものであるとしても，それなしに暮らすのは大人と同様に子どもにもそう簡単なことではありません。たとえば，水洗トイレを汲み取り式に戻すなどということは誰しも賛成しがたいはずです。現代の利便性を活かした清潔な環境は維持すべきでしょう。

　では，夏の暑さや冬の寒さを実感しないでよいのでしょうか。あるいは蚊に刺されただけで大騒ぎしなければならないものなのでしょうか。虫取りスプレーを持たないと散歩にも行けなくなってしまうでしょう。そもそも，そうやって育っても，大人になってまったく清潔で安全で蚊のいない暮らしをしているとは限りません。途上国で仕事をする機会も可能性としてあるのです。

　そもそも自然の清潔なところだけを取り出そうということに無理があります。そうでない面の経験も必要なのです。清潔さを推し進めれば，砂場にも入れず，

虫も探せなくなってしまいます。時として暮らしのなかにそういった自然とのかかわりを含めていくことが必要でしょう。園庭での遊びや散歩，あるいはキャンプなどで，自然物を使った様々な活動を展開していくことが大切です。

10. 自然と表現と文化

　食事や家畜の飼育は自然物を利用した文化的活動の代表です。そういった活動に子どもが参加して，自然物を使うところから，さまざまなものをとらえられるようにしていきます。そのことを通して，自然物と文化的活動のつながりが見えてくることでしょう。

　栽培した野菜を使って調理をする。田んぼでお米を栽培し，収穫する。ヒツジを飼って，羊毛を刈り，毛糸として布を織る。そういった活動は，すべて自然物にかかわるのですが，そのかかわりは文化的伝統に基づき，同時に自然物の特徴に適合したものです。子どもは，自然が人の暮らしのなかに入り込んでいるものだと実感できるでしょう。

　しかしまた，そのためにはきちんとした手順が求められます。専門家による指導などを含めて，しかるべきやり方で活動を進めることにより，収穫が可能となり，命を保全できるのです。子どもが遊びのために使うなら適当なやり方でも許されるが，真剣な活動となるとそうはいきません。きちんとした手順は子どもにとって不自由なところはあるのですが，同時に，真剣で本物の活動の意味を感じられるようになるのです。

ヒツジの毛刈りを見守る子ども（上）とその羊毛を使ったフェルトボール（下）

2部
はじめてみよう

3章 はじめてみよう

1. 「今,ここにある自然」からはじめよう
～日常性と継続性のはなし～

　人生のうちのはじめの数年,幼児期とよばれるときにいる子どもは,感性的・身体的に自然とかかわることを通して,変わらず存在する自然に出会い,その変容に驚き,ものごとの関係に気づいていきます。それが子どもの発達に寄与すると同時に,子どものなかに自然観を形成していく基盤となります。こうした幼児期の姿を基礎にして子どもと自然をむすぶためには,「日常性」と「継続性」が何より大切になってきます。

　「日常性」とは,子どもの毎日の生活のなかにあたりまえのように組み込まれているということであり,「継続性」とは,生活のなかに組み込まれていることが,毎日毎日,継続してつながり,積み重なっていくということです。何となく大変そうと思われるかもしれません。毎日,自然の豊かなところに継続して行くことなど,園庭や園の隣に里山や海辺があるというような恵まれた園でしかできないことです。そこで,大切にしたいのが「今,ここにある自然」です。自然と豊かにかかわるという言葉からイメージするのは,山や森,海など豊かな自然のあるところで遊んでいる子どもの姿です。けれども,大切なのは,「豊かな自然とかかわる」ことより「自然と豊かにかかわる」ことです。空気も,空も,太陽も自然ですから,都会のビルの一角でも自然を感じることができます。風の吹かない日はないし,天気は日々,時間とともに変わります。外に出たら,街路樹もあるし,必ずどこかに花が植えてあります。都会に暮らすスズメやカラスは,ビルの

狭間でも巣づくりをし，子育てをし，彼らなりに季節に応じた野生の生活を営んでいます。少しでも土があって人の手が入らなければ雑草が生えています。公園に足を運べば，もう少しだけ豊かな自然空間があります。そうしたささやかな自然でも，季節を感じることができ，生きものの暮らしを見せてくれます。だから，自然とかかわるというとき，「今，ここにある自然」に目を向け，大切にすることからはじめます。手間をかけて動植物を育ててみると，身近な自然を少しだけ自分たちの手で豊かにする取り組みにもなります。動植物の「飼育栽培」は，保育では自然とかかわる活動の定番です。身近に自然がないと思うとき，自然を身近なものにするよい方法となります。また，私たちの日々の暮らしを支えている食べものも自然の産物です。食べるということは，毎日自然とかかわっていることなのです。都会に暮らしていると，農産物やその加工品を買うだけなので，それを忘れてしまっているのです。自然がないから，かかわりができないとあきらめるのではなく，「今，ここにある自然」を見つけて，子どもがそうした身近な自然とかかわる機会の一つひとつを大切にしましょう。

　「今，ここにある自然」を見つけることが生活のなかにあたりまえのように組み込まれてしまうと，ほんとうは「日常性」「継続性」を意識する必要はなくなるのですが，行事をたくさんこなさなくてはならないような忙しい職場にいたりすると，自分も精一杯で気がついたら「今，ここにある自然」を忘れていたということもあるかもしれません。「日常性」と「継続性」を意識した自然とのかかわり実現するためには，無理をせず，空を見たり，風を感じたり，食べもののなかに自然を見いだすといった小さなことを大切にすることからはじめます。それは，園に出勤してきたときに必ず空を見るとか，子どもを迎える前に園庭を眺めてみるとか，そうした小さな出会いを大切にすることです。「日常性」や「継続性」は，保育者のすることなのか，と思われるかもしれませんが，それが出発点です。

　それでは，「日常性」と「継続性」を意識した自然とのかかわりをもう一歩進めるにはどうしたらよいのでしょうか。一番簡単なのは，園庭を大切にすることです。園庭がある限り，どこの園でも必ず園庭で遊ぶ時間はあります。園庭は，子どもが慣れ親しんでいる場所であり，保育者が安心して子どもを送り出せる戸外です。子どもは毎日園庭で遊ぶのですから，そこで自然とかかわることができれば，それだけで「日常性」「継続性」が保障されることになります。いろいろな調査から，園庭にある自然要素が豊かであれば，子どもの遊び内容もそれに応

じて豊かになることがわかっています。また，より豊かにということで飼育栽培活動を取り入れることも多いと思うのですが，その場合も，子どもの目が日々届く場所で育てられるよう保育環境を考え，継続して世話ができるような状況をつくらなくては「日常性」「継続性」につながりません。

　園庭がない場合は，公園や社寺など園庭に代わるところを近くに見つけます。それもないなら，車の通らない通りを見つけましょう。そこで遊ぶことができなくても，軒下に並ぶ植木鉢で季節の花を楽しめます。園外に出るときに同じ犬や同じ猫に出会うために，「わんちゃん・にゃんこに出会うお散歩コース」を決めている保育者もいます。園外の自然は園庭とは違う姿を見せてくれるので，園庭がある場合でも時には地域の自然にふれたいものです。特に幼稚園では園外に毎日出るのは無理というところが多いでしょうから，園外を利用する場合，「継続性」を大切にします。同じ場所を利用することが重要です。機会自体が多くないのですから，園外に出るたびに違う場所に行っていたら，「継続性」につながりません。ルートも決め，行った先での遊ぶ拠点を決め，同じ環境に繰り返し出会うことで「継続性」につなげていきます。

　そして，「日常性」「継続性」をさらに進めるためには，ほんとうは園と家庭の生活がつながらなくてはなりません。保護者を巻き込み，家庭でも意識してもらうためにはどうすればよいのか，これも保育者の取り組みしだいです。

2. 遊びのためのソフトとハード
〜心理的環境と物理的環境のはなし〜

　子どもが自然とかかわるということは，自然要素のあるところで，それを遊びに取り入れながら，没頭して遊び込むことが日常的・継続的に保障されることです。子どもが遊びに没頭するためにはいろいろな条件が必要でしょう。一番大切な条件は，時間も含め，遊び込めるだけのゆったりとした心理的環境が確保されているかどうかです。1日の保育時間のなかの活動の流れは，幼稚園か保育所かによっても，地域によっても違います。園の方針によっても大きな違いが出るところです。園ごとに活動の流れは決まっているでしょうし，季節によって制約の多いときもあるでしょう。時間ごとの活動の区切りが重視されている園もあります。それでも，園庭があるのにそこをまったく利用しないという園はないのです

から，それぞれの園の条件のなかで，ある程度の時間の確保と，また，次に遊べるときについて子ども自身が見通しを持てるようにすることが重要です。そして，保育者は園庭で遊ぶ時間帯を子どもの豊かな遊びの時間ととらえ直し，そのつもりで子どもにかかわります。保育室に戻ってきたときに子どもの言葉や動きに表れるものをどう受け止めるのかも大切にしたいところです。いずれにしても，それぞれの園の流れのなかで，日常性・継続性をどうつくるのかを考えるのは保育者なのです。

　次に，物理的環境です。子どもに自然観を育てるためには，子どもが日々ふれあう園庭の自然環境が最も重要な役割を果たすでしょう。保育所の場合，園庭のないところも認められていますが，変わる世界・変わる子どもという現実を考えた場合，今ほど子どもの育ちにとって園庭の役割が重要な時代はなく，そのような施策のほうに問題があります。また，幼稚園の園庭は，明治以降の歴史的な背景があって運動場とそれを取り囲む植栽という小学校を模した様式が多いのですが，時代の変化に応じて変えていくのが当然です。具体的には，子どもが日々ふれあう自然環境である園庭を，持続可能な社会を形成することにつながる自然観を育てる場に整えます。大人の目に美しい自然ではなく，多様性・循環性・有限性を経験できる環境に変えていきます。

　園庭は，子どもが慣れ親しんでいる場であり，園外より安全性が高い場所なので，保育者の思いを反映させやすい場です。子どもが日常的・継続的に自然要素と遊び込める場，遊びを誘発する環境になっているかどうか考えてみましょう。遊びの素材を意図的に物理的環境の要素として用意します。運動場と遊具，飼育小屋，花壇だけからなる園庭と，そうした要素に加えて小さな林や畑，池，雑草の生えるスペースまであるような園庭では，遊びの誘発性に大きな違いがあります。とはいいながら，様々な理由で，すでにある運動場や遊具を除けるわけにはいかないでしょう。園庭に森をつくるわけにはいきませんし，りっぱな畑をつくる場所もないという場合もあると思います。しかし，わずかなスペースでも，そこに自然要素を入れ込む工夫はできます。

　子どもが園庭にある自然の素材に気づき，手に取ったその素材から遊びが始まることもあるでしょう。また，もともとしていた遊びのなかに，たまたまそばにあった自然の素材を利用し，そこから遊びをさらに発展させていくということもあるでしょう。そうした素材として準備もしやすく，子どもが遊びによく使うの

は，やはり植物です。私たちの身近に暮らす植物は再生力・繁殖力が強い生きものなので，命を奪うことなく，葉や花，実などを利用することができます。もちろん子どもの人数に応じた扱い方が必要ですから，規制が必要なときもあります。園庭に余裕がないときは，プランターに遊びに使える花を植えましょう。教科書では色水遊びの定番としてヨウシュヤマゴボウがよく載っていますが，園庭に必ずあるとは限りません。そうかといって，わざわざ探しに行く必要はなく，苗も安価で育てやすいアサガオやパンジーで大丈夫です。場所があれば，近くでヨウシュヤマゴボウやツユクサを見つけたときに，種を取ってきて植えておきます。土や砂も，広い場所にたくさんあればよいのですが，狭くても何とか素材として利用できるようにしましょう。土は粘土から砂というように種類によって手ざわりも固まり具合も違います。また，石も遊べる自然素材です。いろいろな質のものをそろえておきます。

　日本には自然遊びの豊かな文化があったのですが，そうした遊びの伝承は途絶え，身近な環境に伝統的な遊び素材を見つけることがすでに難しくなっています。また，子どもの手には難しい遊びも多く，それよりは子どもの日常の遊びに使えるもののほうが大切で，伝統的な遊びにこだわる必要はないでしょう。日常的に遊びに思いっきり使いたいものは，手に入れやすく，準備しやすく，量が確保できるもので考えていきます。

● 遊びのなかに自然とのかかわりがとけ込む園庭

＜植物＞
・多様な刺激を与え，多様な動きを生み出す空間の多様性（常緑樹，落葉樹，太い木，細い木，垂れ下がる枝，茂み，木陰など）
・好きなときに採って，色水遊びやままごとなどの遊びに使えるきれいな色の花が咲くもの，たくさん実のなるもの（パンジー，アサガオ，マリーゴールド，オシロイバナ，ツユクサ，ヨウシュヤマゴボウ，イヌタデ，シロツメクサ，ジュズダマ，エノコログサなど）
・好きなときに拾って，遊びに使えるいろいろな色や形の葉を落とす木（イチョウ，カエデの仲間，ポプラ，ナンキンハゼ，ユリノキ，マツなど）

＜その他の自然素材＞
・好きなときに使って遊びに使える土，砂，石，水

Q&A 都会の真ん中で自然がありません。どうすれば・・・？

　都会に自然がないという人は，緑におおわれた山や田畑を自然だと思い込んでいます。しかし，よく考えると風も空も自然です。自分の身体も自然。食べものももとは自然物。また，人間の手で育てられているものも含め，たくさんの生きものが都会にも暮らしています。確かに，山や田畑にくらべると目に見える多様性という点で見劣りがします。それでも，視点を変えれば，見つける気にさえなれば，都会のなかも自然だらけです。自然がないという人はそれに気づいていないだけなのです。自然がないと思ったときは，まず，自分が自然という言葉で何を求めていたのかを考え直し，身近な自然探しをはじめてみましょう。

3. つながりを大切に
～多様性・循環性・有限性のはなし～

　日常的・継続的に自然とかかわることで，自然とのかかわりは子どもの発達に寄与し，また，子どものなかに自然観を育てます。その場合に，どのような自然と日々ふれあっているかが重要です。ここでは，園庭に自然とのつながりを意識したいときに，ほしい要素をあげてみます。地域で自然の遊び場を探すときにも注意してみましょう。

　園庭に木を植えるのは大変ですが，鳥の落とし物から木々が芽吹くことがあります。クスノキやグミなどの小さな芽が生えてきて，年数はかかりますが，大切にしていると育っていきます。成長すると，実をつけ，再び鳥をよびます。園庭に果樹がほしいなら，食べた後のカキやビワ，ナツミカンなどの種を植えましょう。子どもの育ちと一緒で，植物が育つのにも時間がかかりますが，それをその時どきに居合わせた子どもと楽しみましょう。雑草園もわざわざつくろうとすると難しいのですが，園庭の一角に花を咲かせ終わったプランターの土をひっくり返して山積みにしておきましょう。そのまま何もしなければ，いつの間にか雑草が生えてきます。そこにはバッタやテントウムシ，花が咲けばアブやミツバチがやってくるでしょう。ヤブガラシもとらないでいたら，セスジスズメが卵を産んで，きれいな大きなイモムシがはってくれるかもしれません。チョウに飛んでもらいたいなら，食草や蜜を吸える植物を植えましょう。鳥に来てもらいたいなら，鳥たちが好む実をつける木を植えましょう。

　狭い場所でも，菜園・雑草地・小さな林などをつくり，落ち葉や雑草，小動物がそこで生まれ，土に還っていく場にすれば循環性を経験できます。循環する場はいろいろな生きものをよび，多様性のある場になります。お金をかけなくても拾ってきた木の実を植えれば，そのうちのいくつかは育ちます。ドングリも子どもの遊び道具としてこの世にあるのではなく，一つひとつが命ある存在であり，そこから木が育つのです。子どもと一緒に育て

COLUMN

生態系とは何か

　持続可能な社会をめざすときには，自然の多様性・循環性・有限性という性質を前提にする必要があるとしました。そうした自然の性質を考えるときに重要な言葉が「生態系」です。1935年にイギリスのタンズレーという生物学者が定義した言葉で，生物学の専門用語です。しかし，今では環境に関する国際会議で採択される宣言などには必ず登場し，政治分野の人まで意識しなければならない言葉となっています。地球に暮らすあらゆる生物は，私たち人間も含め，生態系の一員です。生態系とは，「生物とそれを取り巻く環境を一つのまとまりとしてとらえたもの」とされます。しかし，それだけでは入れ物のなかで一緒にいるだけの静止した系のようにとらえられてしまいます。実際には有限な地球の上で多様な生物と無生物が循環する系をつくっています。生物同士も，生物と無生物も動的につながっています。それが生態系です。動的につながっているので，そのつながりが絶たれるとき，生物は生存できなくなります。

る園庭は，時間をかけて子どもに愛着心や生きものへの共感を育てていきます。時間をかける気持ちと少し雑然とした自然の存在を許す気持ちがあれば，お金をかけなくても自然豊かな園庭に変わっていきます。植物の力は旺盛で，どんなに人工的な場所でも人が使わなければ遠慮なく侵入してきます。植物のそうした力を利用しましょう。近くの山から土を少しもらってきて，地面にかぶせておくだけでもいろいろな植物が芽を出します。雑草が生えれば，草むらをすみかにし，餌にする虫がやってきます。その虫を食べるクモがいつの間にか巣を張り，小さな生態系ができあがるのです。

　有限性の経験はちょっと難しいかもしれませんが，生きものとのかかわりは，その命の有限性とのかかわりです。動物飼育は命の大切さを学ぶこととして伝統的に保育に取り入れられてきました。ただし，適切な動物飼育は命の大切さの学びにつながりますが，不適切な動物飼育は粗雑に扱ってもかまわない命があるという学びになります。保育者がその動物の命に愛情や責任を持たない飼育をして

Q&A 子どもが生きものを殺してしまいます。どうすれば・・・？ 2

　子どもが自分で見つけ，手に取り，その存在を直接体験するのに最適なのは昆虫です。子どもがバッタやセミを採ったところで絶滅するわけではなく，採ったり殺したりという子どもの主体的な直接体験こそ重要だとされています。子どもが体験を通して学ぶという側面（発達課題）ではそのとおりです。しかし，採るだけの自然体験は自然物を自分の望むとおりに扱える対象とみなす感覚を育てることにつながるので，自然観を育てる側面（保育課題）からは検討の余地があります。野生生物種の減少が課題となっていなかった昔ならそのような感覚が育っても問題はありませんでした。しかし，それが大きな課題である今の時代には，人間の行動が自然にダメージを与える可能性があること，それを防ぐための行動を「自ら」考えなくてはならないことを育つ過程で繰り返し学ぶ必要があります。子どもが遊びのなかで好きなだけ虫を採り，殺すことも大切な経験と容認され，飽きたら死体を捨てるということを繰り返しても，その虫が絶滅するわけではありません。それで子どもに残虐性が育つわけではなく，いつかは殺さなくなるでしょう。しかし，その子どもが成長し，お金と力をいくらでも使える大人になって有限な自然要素を前にしたとき，必要性の名のもとに好きなだけ自然から搾取したとすれば，枯渇は現実味を帯びてきます。20世紀はそのような大人たちが世界を動かした時代でした。自然と密着した暮らしを前提にしなければ生活が成り立たなかった時代の世界の先住民族は，日々の暮らしのなかで自然への向かい方を子どもに伝えなければなりませんでした。たとえば，河原の石で遊ぶことはよいけれど，「遊び終わったら，そこで暮らしていた生きもののために石をもとに戻しておきなさい」というように。

いれば，子どもはそのような向かい方を適切な姿として学んでいくのです。命の大切さを子どもに伝えたいのであれば，保育者がその生きものに愛情と責任を持って育てなければなりません。また，命の有限性は動物の死によって確認できますが，その死を強い情動を持って経験するためには，その動物とのふれあいが日常的・継続的でなければなりません。また，虫よりは鳥，鳥よりはほ乳類というように，私たちヒトに分類学上近い種類のほうがより強い共感を持つことができます。園庭の片隅に飼育小屋があっても管理職だけが飼育しているようでは，保育としての動物飼育の意味はありません。保育室で飼育し，毎日保育者が世話をし，子どもがかかわることが望ましいのです。日々保育に追われているのに，動物の世話まで保育者がするのは確かに大変です。しかし，獣医師会と連携する自治体が増えており，教育・保育現場の飼育動物の管理方法や病気に関して獣医師からのアドバイスを受けられるようになっています。そうした連携がとれているところでは動物飼育がうまくいき，よい教育効果をあげられていることがたくさん報告されています。

　資源の有限性に関しては，ある園の保育者からこんな事例をお聞きしました。その園では雨水タンクを設置して，園庭での水遊びや植物への水やりに利用しているそうです。思う存分使ったらタンクが空になることから，使える水にも限界があることを子どもは遊びのなかで経験するというお話でした。確かに蛇口をひねれば好きなだけ水が出てくる，楽をして飲み水が手に入るというのは，近代以降の人間がようやく手に入れたものです。世界には安全な水を手に入れられない人々がたくさんいます。

● **多様性の経験**

空　間
- 水平の変化と垂直の変化の組み合わせ（広場，グラウンド，小山，斜面，曲がった道，つながった動線，近道）
- 隠れ場所（樹木の陰，トンネル，茂み）
- 多様な自然要素（植物，動物，分解者，水場，土や石）

時　間
- 1日の変化（日陰と日なた，温度の変化，動植物の様子）
- 季節の変化（落葉樹と常緑樹，花から実，水場や動植物の様子）

・経年変化（樹木の生長や枯死，動物の成長や老化）

● 循環性の経験
・分解者の存在（腐葉土や堆肥，朽ち木，キノコ，ミミズ，ダンゴムシ）
・生産者と消費者の存在（草食昆虫，肉食昆虫，クモなどの生息場所）
・つくる→食べる→堆肥→つくる（野菜づくりと堆肥づくり，コンポスト）
・動物のライフサイクル（誕生→成長→繁殖→死）
・植物のライフサイクル（種まき→発芽→生長→実や種→枯死）

● 有限性の経験
・命の有限性（動物飼育，植物栽培）
・資源の有限性（水，自然素材）

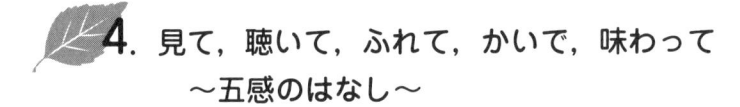

4. 見て，聴いて，ふれて，かいで，味わって ～五感のはなし～

　子どもに自然と豊かにふれあってもらいたいとき，大切にしたいのが五感の利用です。私たちヒトは視覚優位の動物なので，目からたくさんの情報を手に入れます。だからといって，他の感覚に意味がないわけではありません。音楽に心を動かしたり，親が子を抱きしめたり，キンモクセイに秋を感じたり，おいしいものに感激したりと，視覚以外の刺激も生活になくてはならないものです。子どもは感性的・身体的にまわりの環境とかかわるとされますが，それは，五感を十分に使うことを意味しています。

　幼児期に五感を使うことが大切とされるのはなぜなのでしょうか。一つ考えられるのは，幼児期は自分を取り巻いている世界を「自ら」とらえよう・かかわろうとする時期であるからではないでしょうか。しかも，それは意外に早い時期から始まり，赤ちゃんとよばれる時期でも，外界に能動的に興味を示し，五感を駆使してかかわろうとしていることが報告されています。自ら動くという点で未熟な乳児にとっては，五感を駆使したかかわりが重要なのかもしれません。成長して，自ら動き，言葉を使えるようになると，自らとらえようとする範囲も広がり，言葉による理解も進みます。それでも，まだ，幼児期のあいだには五感を使って

世界を知ることが大きな割合を占めています。自分で感覚器官を使って直接かかわらなくてもわかる，想像できるということがあたりまえになるのはもっと後のことです。幼児期の子どもは，自分で直接かかわることで，世界をとらえます。その窓口が五感なのです。

　そして，同じものにふれるとき，視覚だけの刺激を受けとめるのと，他の感覚の刺激も同時に受けとめるのとでは，その経験の豊かさや深さに違いが生まれるでしょう。小屋のなかにいるウサギを遠巻きに見ていることと，保育室で丁寧に世話をされているウサギをだっこして，その身体のにおいをかぎ，ふかふかの毛の肌触りや温かさを頬に感じるのとでは，同じ飼育動物へのかかわりでも経験の深さが違います。スーパーで買ったミニトマトをお弁当に入れてきて食べるのと，自分で育てたミニトマトを見て，葉や茎の独特のトマト臭さをかいで，つるんとした触感の実を手で収穫して，生温かい実を食べるのとでは，同じミニトマトを食べる経験でも質が違います。五感を駆使したいとする理由のもう一つは，同じ要素とかかわるにしても，たくさんの感覚を使えば，それだけ経験が豊かになるということなのかもしれません。

　自然のなかには，五感を刺激するものがたくさんありますが，子どもがそれを意識するかしないかは保育者の動き方にも影響されるでしょう。ヒトは視覚優位の動物です。子どもはそれに加えて触覚もよく使います。しかし，子どもでも嗅覚・聴覚・味覚への刺激は，経験する機会・気づく機会をあえてつくらなければ気づかないことが多いのです。指導案には「五感を使って」と書いてあるのですが，保育者があげる事例には視覚と触覚くらいしかあがっていないということがよくあります。いくら五感を刺激する要素があっても，意識しなければ気づかないのです。そこで，なるべく五感を刺激する環境づくりを心がけるとともに，五感を駆使できる活動を取り入れてみます。子どもが感じたものに共感し，応えることはもちろんのこと，保育者が感じたものを子どもに伝えることも大切です。日々の生活のなかで，保育者が五

感の利用を意識し，自分が感じたことを表現していきます。特に，聴覚と嗅覚を使った体験を意識してみてください。

● **五感を刺激する園庭**

[視 覚]
- 様々な高さ，樹形，葉の色や形を持つ樹木
- 季節ごとの花をつける木や草花を楽しめる花壇
- 様々な花や実，小動物を見つけられる雑草園

[聴 覚]
- 雑草の生える草むら，石組み，実のなる木，水場（虫の鳴き声，鳥のさえずり，動物の動きが生み出す音）
- 多様な葉や枝振りの植物（風が生み出す葉や枝の音，葉の落ちる音，落ち葉を踏みしめる音，枝のしなる音）
- 水場，タンク，雨樋（雨音，せせらぎ音，水面にあたる音）
- 風，空気を利用した遊び（空気の生み出す音）

[嗅 覚]
- 葉や花が香りを放つ植物（キンモクセイ，ジンチョウゲ，クスノキ，ハーブ類）
- 土，腐葉土の香り
- 熟したにおいを放つ果実
- 野菜，果物（食べものの香り）
- 動物（動物そのもののにおい・糞のにおい）

[触 覚]
- 触感を楽しめる植物（様々な形状の樹皮や実，モチツツジのような粘着性を持つ植物，様々なくっつき虫）
- 触感を楽しめる自然素材（泥，砂，石，水）
- 動物の肌ざわり（ほ乳類や鳥類の毛ざわりや温かさ，魚や両生類の感触，イモムシや甲虫の感触）

[味 覚]
- 食べられる植物（果樹類，野菜類）
- 野生の植物の多様な味（野生の木の実，花の蜜，野草，苦い，すっぱい，甘い，薄い）

4章

自然と遊ぼう

1. 園庭で遊ぶ

　保育のなかで日常的、継続的に自然にふれていくには、園庭の自然を普段の保育のなかに「あたりまえに組み込む」ことが必要になってきます。具体的には、日々の保育活動や年間の行事を、改めて園庭の自然と関係づけてとらえてみることです。

　そのためには、園庭にどのような自然の要素があるのかを知っておかなくてはなりません。そうして園庭の自然の様子がわかったら、できる範囲からその自然を保育に取り込むことで、子どもたちが豊かに自然にふれる場として活かしていきましょう。

● 園庭自然マップをつくろう

　園庭の自然とのかかわりは、まず、園庭に何があるか、何が生きているのかをよく見てみるところからはじまります。

　そのための方法として『園庭自然マップ』をつくりましょう。『園庭自然マップ』は、園庭のどこに、何が生きているのか、どんな自然がそこにあるのかを一つひとつ確認、発見しながら園庭の地図に描いたものです。

　『園庭自然マップ』をつくるには、いろいろな方法があります。子どもと一緒につくることもできますし、保育者だけでつくることもできます。地域の自然の専門家に手伝ってもらうという方法もあるでしょう。子どもと一緒につくる場合には、保育者からの働きかけが必要です。たとえば園庭探検のような活動を保育

者と子どもが一緒に行って園庭の自然を探していきます。また、短期間でつくってしまう必要はなく、1年かけて、子どもと一緒に少しずつ描き足していくのもよいでしょう。

　保育者自身が保育者専用の地図をつくるのもよいでしょう。どこの園でも保育者は入れ替わりますから、新しく入ってきた保育者にも園庭の自然を伝えられるようにしておくためです。自然の姿は、小さな園庭であっても年々変わります。もし、自分がそうした『園庭自然マップ』を引き継いだなら、新たな情報を自分も書き加えて、新しい地図をつくり、次の保育者にバトンタッチしていきます。なお、『園庭自然マップ』は、園庭で子どもの遊びが豊かになることをめざしてつくるもので、保育者の自然発見力を試すものではありません。つくったという保育者の満足感で終わらないようにしましょう。

　園庭で見つけた生きものがどんな名前で、どんな暮らしをしているのか、わからないことばかりかもしれません。そのときには図鑑やインターネットなどで調べてみましょう。最近はカラー写真つきのとてもわかりやすい図鑑がたくさん出ています。自分たちで使いやすい図鑑を準備しておきましょう。子どもと一緒に調べるときには、科学絵本が扱いやすく、重宝します。保育室にそろえておきましょう。また、身近に自然に詳しい人がいたら教えてもらうという方法もあります。まずは、自分で調べてみましょう。自分で調べたことは忘れないですから。

　このように保育者や子どもが見つけた自然や子どもが自然にふれてどのような遊びをしていたのかなどを『園庭自然マップ』に書き込んでいきましょう。これによって保育のなかで園庭が果たしている役割や多様性・循環性・有限性といった自然の性質、そして自分たちの園庭に足りない要素は何かなどがきっと見えてくるでしょう。

＜園庭自然マップに載せるものの例＞

　植物（樹木，草花，生け垣），昆虫，鳥，土壌生物（ミミズなど），園庭の表面の様子（土，砂利，起伏），水場（池，せせらぎ），太陽の日なたと日陰，園庭で今まで取り組んできた自然の遊びなど。

　さて、『園庭自然マップ』ができたら、じっくりながめてみましょう。この園庭マップは、子どもが自然とのふれあいを深めるためにどんな保育（遊び）ができるかを考えるための基本です。子どもと自然のふれあいを深めたいという思い

でよくマップを見てみると、今まで気づかなかった自然や増やしたい自然、やってみたい遊び、活動がきっと見えてきます。自然は季節ごとに違う姿を見せてくれます。実がなる季節も植物によって違います。『園庭自然マップ』も季節ごとにつくるなど、季節による自然の違いがわかるような工夫もあるとよいでしょう。

　園庭での子どもと自然のかかわりは、二つの場面が想定できます。遊び込める心理的環境と物理的環境があれば、子どもは主体的に遊びをつくり出していきます。そうした子どもが自分から豊かに遊びを生み出す場面と、もう一つは保育者からの働きかけによる、やや設定的な要素を含んだ活動場面です。たとえば、ゲーム遊び的な要素を取り入れながら落ち葉を使った色探しや樹皮のこすり出しなど、自然の持つ色や形などの特徴を使った遊びなどが考えられます。園庭での自然のかかわりを深めるためには、こうした二つの場面が豊かになっていく必要があります。

● 三つの方法で園庭の自然を楽しむ

　『園庭自然マップ』などで自分たちの園庭の自然の姿が見えてきたら、三つの方法を通して園庭の自然を楽しんでみましょう。一つめは園庭の自然の持つ色、形などの自然の豊かさや自然物同士のつながり、季節による移り変わりといった自然そのものの姿を楽しむ方法、二つめは生活体験と園庭をつなぐ方法、三つめは表現活動に園庭の自然の要素を盛り込む方法です。

①自然そのものを楽しむ

　季節、天候、時刻による変化や色、形状、におい、触感、食感、生態など自然そのものが持つ特徴に注目して楽しみます。たとえば好きな樹木を定めて春の芽吹きや季節によって変わる葉の色や果実を楽しんだり、樹木によって異なる花や葉の形、におい、手ざわりの違いを観察したり集めるなど、五感を使っていろいろな楽しみ方ができます。植物だけではなく、草木にチョウの幼虫がついていたり、池にオタマジャクシがいたら、それらが月日とともに変化、成長する様子を子どもと一緒に観察してみましょう。そのときには、幼虫やオタマジャクシなどの餌やすみか、天敵などその生き物が生きていくうえでの周囲の状況（生息環境）がどうなっているのかなどを子どもたちと一緒に考えてみてはいかがでしょう。

園庭マップ例① (梶ヶ谷幼稚園:神奈川県川崎市)

子どもたちが遊びを通して描いた。絵画や，写真，解説，ラミネートなどで園庭を表現している。

園庭マップ例② (東菅幼稚園:神奈川県川崎市)

写真をふんだんに使って表した。今後いろいろ活用できそう。

4章●●●自然と遊ぼう

園庭マップ例③（若宮幼稚園：神奈川県川崎市）

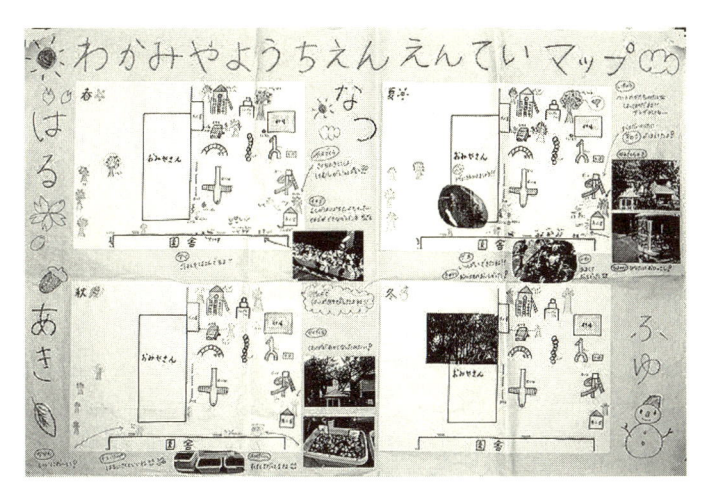

春夏秋冬それぞれの地図を保育者がつくり，並べて表現した。

園庭マップ例④（梅園幼稚園：神奈川県川崎市）

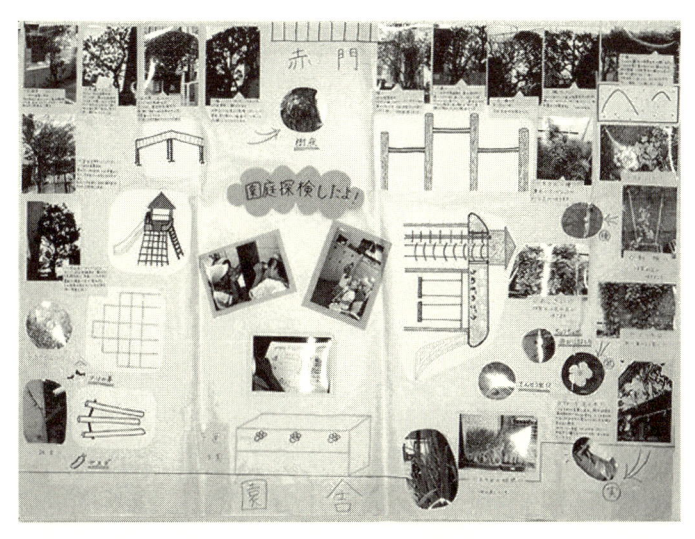

子どもたちが遊びを通して発見したものを表した。写真で自然の解説も加えた。

＜自然そのものを楽しむ例＞
樹木……果実採取／食べる／葉っぱで遊ぶ／登る／さわる
花……色水／押し花／蜜を味わう／ままごと
野菜畑・田んぼ……育てる／食べる／観察する
巣箱・えさ場……観察する
生きもの池……観察する／つかまえる
草花園……草花を観察する／虫を観察する

②**生活体験のなかで楽しむ**

　たとえば，園庭に実のなる木があれば，子どもと保育者が一緒に実をつみ取って，加工して遊び道具にしたり，ジュースやおやつとして食べるなど，園庭の自然を生活体験に取り入れます。衣食住などの生活そのものは本来，自然と直結するものでした。保存，加工の技術の進展により，生の自然が生活にむすびつくのを目にする機会が減ってきましたが，けっして忘れてはならない点といえるでしょう。なかでも，「食」は自然と特に強いむすびつきがあるので，「食育」活動も園庭の自然とかかわりの深い活動といえます。

＜生活体験のなかで自然を楽しむ例＞
お米づくり……餅つき／ご飯を炊く／おにぎりや混ぜご飯など料理を楽しむ
木の実……ジュースづくり／ジャムづくり／装飾品づくり／おもちゃづくり
野菜づくり……そのまま食べる／料理を楽しむ
草木染め

③**表現の素材として楽しむ**

　子どもが自然にふれて感じた美しいものへの感動や新しい発見への驚きなどを，園庭の自然物そのものを素材として使って製作などで表現します。

　また，製作だけでなく，園庭の生きものや自然を登場させた歌を子どもとつくって歌ったり，園庭でひろった音をイメージしながら楽器で演奏するなど，自然を活かした表現方法はいろいろと考えられます。

　子どもは，自然とかかわることで豊かな感性も養われていきます。「つくる」ということだけに集中するのではなく，自然にたっぷりふれる，という過程を重視することが大切です。

＜表現として楽しむ例＞

造形・絵画……葉っぱスタンプ／土絵の具／壁飾り／お面づくり／リース／押し花／貼り絵

音楽……草笛／替え歌遊び／虫の音遊び／打楽器づくり

　ここでは，具体的に三つの方法を示しました。それぞれの園によって今までの取り組みの流れや保育の方針の違いがありますので，そうした園の実情にあわせて，保育者同士，または子どもたちと一緒に遊びを考えながら，ふさわしい方法で楽しんでみましょう。

2. 地域の自然で遊ぶ

　園庭での取り組みを通して自然への興味，関心が高まったら，ぜひ園から外に出てみましょう。これまでにも園外に出かける機会があったとしても，自然とのふれあいが深められるところへ行き先を変えてみることも考えてみましょう。

● 地域の自然で遊ぶための準備

　地域の自然で遊ぶためには，いくつか準備が必要です。まず具体的に遊ぶ場所を探して，その場所の管理者や所有者に相談する必要があります。もちろん，子どもと現地へ行くための方法や現地のトイレの問題，安全性などを考慮することも大切なことです。

①どこで遊ぶか

　地域の地図を広げてみましょう。身近な場所に子どもと遊べそうな公園や森，水辺，散歩に適した緑道，農道などの自然の道はありませんか。そうした場所をいくつかひろいあげてみましょう。地域によってはガイドブックやレジャー雑誌なども参考になります。そのほか，自治体へ問い合わせたり，近所の詳しい人に聞いてみるという方法もあります。場合によっては保護者がそうした情報に詳し

いかもしれません。こうした方法で，自然の豊かな場所を探してみましょう。

<園外の自然の場所の例>

公園……原っぱや樹林のある公園，池やせせらぎのある公園，起伏のある公園など

農地……水田，畑，田畑の間の道，水路

神社やお寺……まとまった樹木のある神社やお寺

林……まとまった樹木のあるところ（民有地が多い）

河川……河川敷，ワンド（川の水たまり），親水公園，流れの少ない小河川，河畔林

海岸……浜辺，磯

道……ボリュームある街路樹やポケットパークのある道路

学校……ビオトープや農地，緑地を持つ小学校，大学など

②現地を下見する〜下見のポイント〜

　自然とのふれあいができる可能性のある場所を見つけたら，実際に現地に行きます。下見は必ず必要です。子どもが自然とかかわって遊ぶ場所として見てみると今までとは違ったことが見えてきます。毎日何げなく見ている公園でも自然遊びの視点で見ると，虫の集まる樹液を出す樹木があったり，秋にはきれいな紅葉となる樹木などが植えられていたりと様々な発見ができるかもしれません。その一方で，自然豊かな場所と思っていた場所でも，実際には花壇や芝地などで立ち入り禁止の場所が多かったり，危険な場所があったりなど，現地を歩いてみてはじめてわかることは多いものです。

　現地で一番重要なのは自然の状態です。樹木ならどの種類がどのくらいあるのか，草地はあるのか，地形や水辺の形状がどうなっているのか，子どもに危険な場所はないかなどです。この状態によって取り組める内容は大きく変わってきます。現地の規模にもよりますが，可能であれば『園庭自然マップ』のような現地の自然マップをつくってみましょう。そうすれば，子どもの遊びという視点で場所を見直すことができ，また，他の保育者とも情報の共有がしやすくなります。

<下見のポイント1：生きもの（樹木，草花，昆虫，鳥，小動物など），地形>

・様々な高さ，樹形，葉の色や形を持つ樹木の種類とその量

・季節ごとの花や実をつける木や草花の種類と量

- 様々な触感を楽しめる植物（樹皮に特徴がある樹木，くっつく実）
- 自然の素材（泥，砂，石，流れる水）
- 鳥類の種類，量
- 小動物や昆虫などの生きものの生息地
- 地形の形状（平場，小山，斜面，曲がった道，流水，池，浜，磯）

＜ポイント2：子どもの数とのバランス（広さ，量）＞

　豊かな自然が見られるからといって，限りなく葉っぱや昆虫などを採取することは感心しません。自然とのふれあいによって多少なりとも自然環境にインパクトを与えます。自然は原則として有限であるということを忘れないようにしましょう。

③危険をどう考えるか

　安全対策は，『危ないからやらない』のではなく，『危ないかもしれないからその準備をする』と考えます。また，万一のことがあった場合の対応策を考えておくことは必要です。危険防止には「参加者」「指導者」「環境」の三つのポイントがあり，この三つのバランスが崩れたときに事故は発生します。

参加者……子どもたちの心身の状態，参加意識や年齢，能力など
指導者……保育者による自然遊びの難易度の設定，安全対策に関する知識や技術など
環境……現地の自然の状態など

　危険防止には，園内での保育と同様，地域の自然に出かけても，子どもの様子，自然の状況，遊び場の状況を常に冷静に把握することが何より大切です。これは，保育者間で常に確認しておきましょう。

＜危険要素の例＞
- 危険な地形（崖，急な流れ，水深など）
- 周辺状況（交通量の多さ，不審者情報など）
- 危険な動植物（ウルシ，マムシ，ヤマカガシ，アシナガバチ，スズメバチ，ドクガやイラガの幼虫など）
- 天候（酷暑による熱中症，大雨による河川の増水，地震による海辺の津波，落雷など）

④管理者・所有者への使用の確認と協力の依頼

　公園も河川も神社も，すべて管理者・所有者がいます。公園や河川などなら国や自治体，神社なら社務所，森，林，田畑などなら地主です。プライベートな場所なら所有者の許可は必ず必要ですし，公園や神社などの場所でも，大人数で使ったり，長い時間使うときには管理者の確認をとりましょう。

　また，使用の確認をとるだけでなく，地域の自然について教えてもらえないか相談してみましょう。自然の専門家や遊びの専門家などが協力してくれると活動の内容がよりいっそう深まり，子どもにとっても印象深い活動になります。公園なら公園管理者やパークレンジャー，ビジターセンターの職員など，農地ならそこの農家，その他に地域の自然愛好団体といったように，必ずその地域の自然に詳しい人がいます。わからないときは，自治体の環境政策などを担当している部署に尋ねると，こうした地域の専門家がわかるかもしれません。また，全国規模の自然環境団体・NGO（日本自然保護協会，日本野鳥の会，自然体験活動推進協議会など）には全国の人材ネットワークがあるので，こうした団体に協力をお願いする方法も考えられます。いずれにしても相手の負担にならない範囲で協力してもらえないか確認してみましょう。

　また，地域の協力者は保育の専門家ではありません。協力者にお願いする場合には，人数と時間の長さ，年齢，目的をはっきり伝えておきましょう。子どもに対して責任を持っているのは保育者ですから，「すべてお任せ」にならないよう気をつけましょう。

● 園外の自然を使ってみよう

①保育の計画をたてる

　現地を歩いて，どこにどんな自然があるのかがわかってきたら，いよいよ地域の自然で遊ぶための保育の計画をたてます。そこでどのように過ごすのか，どのような遊びが生まれるのか「予想される子どもの姿」を具体的に考えてみましょう。

　また，園外の自然地には，園庭では味わえない自然にふれるために出かけます。園庭の限られた環境では味わえない草花や樹木，広場，水，生きものたちのおりなす自然の息吹を感じつつ，遊び込める場が園外の自然です。園外の自然では，季節や天候が醸し出す植物やその他の生物の変化や自然の持つ大きさ，繊細さ，多様さ，生態系がおりなす関係などをより豊かに味わうことができます。こうし

たことをふまえて,「ねらい」の設定で大切なことは,単に自然のなかで身体を使って遊ぶということだけではなく,園外の自然が持つ園庭とは違った姿や性質(多様性・循環性・有限性)も視野に入れて遊びを考え,取り組んでいくことです。

<ねらいの視点1:変化を楽しむ>
・時間の変化
・天候による変化
・季節の変化
・場所による変化

<ねらいの視点2:自然の持つ大きさを楽しむ>
・高さ
・大きさ
・広さ

<ねらいの視点3:生態系の関係性,種の継続に気づく>
・食べる-食べられるの関係(クモ/アリジゴク/カマキリ/トンボ/鳥類など)
・種子の伝播

<ねらいの視点4:多様性を楽しむ>
・種類
・色
・形(形質)
・におい
・手ざわり(温度)

　園外の遊びでも,園庭での遊びと同様,子どもが主体的に遊びを生み出していく状況になることが望ましいのですが,はじめての場所であったり,まだ十分に慣れていない場合には,保育者が率先して自然にふれて楽しんだり,準備していた遊びへ誘ったりすることが必要です。また,現地で協力してくれる人や新しい情報も入手できたときには,そうした要素を組み合わせながら,どのように子どもと過ごすか,「ねらい」を踏まえて具体的に遊び方(「援助・環境」)を考えましょう。ただし,保育者がそうして考えた援助や環境設定も,子どもが遊び込む過程でそれは最初のきっかけにすぎなくなるかもしれません。子どもは自然のなかで遊ぶうちに,それまでの遊びを新たな遊びに発展させていきます。自然とは

そういう要素をたくさん持っています。そうした子どもの姿も想定しながら保育の計画を考えていきましょう。

②簡単な取り組みからはじめる

はじめての場所で何をしてよいかわからないときには，まず簡単な遊びからはじめてみることです。たとえば，ただ現地を散歩するというような活動でもよいでしょう。広い原っぱや林がある公園であれば，かくれんぼやおにごっこ，シロツメクサがたくさんある原っぱやレンゲのある田んぼであれば，草ずもうや花のかんむりづくりに誘ってみることもできます。その自然の場所の特徴と子どもの興味に合った遊びに取り組んでみましょう。最初に大切なことは，そこの自然になじむということです。まずはそれが一番大切です。

③出かける回数を増やす

最初の一歩を踏み出したら，外に出かける回数を増やしてみましょう。日本では四季が豊かな自然を生み出しています。春夏秋冬ごとに出かけて，四季折々の自然を楽しみながら遊んでみましょう。春の草花の息吹や小鳥たちのざわめき，夏の日ざしのなかでの活発な虫や木々の輝き，秋の実りと彩りあざやかな木々，春を待つ木々や小動物たち，冬の氷のはった水辺といったように季節によって自然は大きく異なる姿を見せてくれるはずです。

慣れてきたら，さらに月に1回，2回と出かける回数を増やしてみましょう。そこには季節の変化だけでなく，晴れの日，曇りの日，風の日など天候の影響で，同じ季節でも違った自然の姿にふれることができるでしょう。その時期にしか味わえないもの，旬のものが自然にはあるのです。

また，できるだけ毎回同じ場所に行きましょう。園の周囲に複数の自然の場所がある場合でも，できるだけ定期的に同じ場所に出かけないとせっかくの日々の変化を見のがしてしまうかもしれません。毎回同じ自然の場所に行けば，子どもが深く遊び込むたびに新しい自然の姿に気づくでしょう。自然の姿を見て，聞いて，においをかいで，肌で感じて，保育者も子どもも同じように新しい気づきを持ち，共感し合えるようになるのが理想的です。

④遊びの拠点をつくる

　何度も足を運ぶことで，子どもは，自分のお気に入りの遊び場（＝拠点）を見つけるようになります。子どもはお気に入りの拠点で毎回違う遊びを考え出し，続けて遊び込んでいくことで，そこにある自然への愛着が生まれます。同じ場所に何度も出かけることによって，子どものなかにも変化が生まれてきます。最初は自然のなかで遊ぶことに慣れておらず，泥や虫にもおっかなびっくりだった子どもも，何度もふれることによって，自然とはどのようなものか，恐いものかそうでないのか，ということが体験的に理解できるようになってきます。すると最初はこわごわであった子どもも，自然にふれ，自然に慣れ，自然に対する様々な気づきを得るようになります。そうなると，子どもの遊びはどんどん豊かになっていきます。

⑤園の活動と関連づける

　園外での経験・遊びが，その日だけのもの・そこだけのもの・特別なものに終わらないようにするにはどうすればよいのでしょうか。もちろん，園外の環境はそこにしかないものですが，園外での遊びが園に戻っても形を変えて継続したり，園での遊びが園外に持ち出されたり，園外での経験が園での表現活動につながったり，その反対の活動になったりすれば，園外での経験が子どもにとって，より身近な，深いものになるでしょう。このように園の活動と園外の活動を重ねていくことで，子どもの心身を育むとともに自然を見る目を養う体験を深めていくことにつながっていきます。

3. 森や林で遊ぶ

　樹木の生い茂る森や林ですが，森や林を形成しているのは樹木だけではありません。樹木を育む土や落ち葉，草本，けもの，虫，鳥，キノコなどの多様な自然要素がつながりあって森や林はできています。また，森や林は季節によって様相が大きく変わってきます。これらの自然の要素すべてが，子どもの遊びの対象となります。継続して森に行き，そこで遊ぶことに慣れてくると，いろいろな遊びが生み出されていきます。林床に落ちている枯れ枝がいろいろなものに見立てられます。あるときはギターになって演奏がはじまり，別のときには恐竜の足にな

って恐竜ごっこに発展していきます。倒木に枯れ枝を組み合わせて基地やお家をつくり，木の実や葉っぱ，つるで飾りつけをします。木の実やマツボックリをひろって，お店屋さんごっこがはじまることもあります。小枝がお金の代わりになります。つるは，ぶら下がりロープになり，ブランコになり，トランポリンになり，別荘になります。森に慣れていないうちや，遊び込めない子どもが気になるときは，森のなかの素材を使って，保育者が働きかけ，みんなで遊んでみましょう。ここでは，簡単に遊べる事例を二つ紹介します。

● 森や林で遊ぶ──事例1 「葉っぱのくらべっこ」

　森のなかに落ちている葉っぱは，いろいろな形をしています。形の違う葉っぱを集めてくらべてみましょう。

　場　所　　森や林。地面に落葉樹の葉っぱが落ちているところで，ある程度の広がりがあればどこでもよい。公園でも園庭でもできる。

　時　季　　春〜秋　おもに秋（10月〜11月）

　活動のねらい　　同じ種類の葉でも，形・大きさなど，いろいろなものがあることに気づく。

　所要時間　　30分程度

　遊び方の手順

①1種類の落ち葉を1枚見せる。

②同じ種類の落ち葉が，周囲にも落ちていることをみんなで確認する。

③ひろってきた葉っぱを全員で「1，2の3」で見せっこして誰が一番大きいかなどをくらべる。

④「長い」「短い」「小さい」「ギザギザしている」「細い」……など，様々なポイントで落ち葉を探して遊ぶ。

　留意事項

・森全体の雰囲気を感じる時間を持つ。

4章 ●●自然と遊ぼう

具体的な活動の様子「葉っぱのくらべっこ」

時間	子どもの様子	保育者の援助
0:00	落ち葉のある広場に集まる 「すごい，いっぱい」 「形が違う」 「虫食ったのもある」 「この葉っぱきれい」 「見たい，見たい」 「ぎざぎざがある」 「おっきいねえ」 「いいにおい」 「できる，できる」 「えーわかった」「さがすぞー」	（葉っぱの上にバンダナなどをおいて隠しておく） 「この森は落ち葉がいっぱいだねえ」 （あたりを見渡す） 「いろんな葉っぱがあるねえ」 （子どもの気づきにうなずく） 「じゃあ，みんなにお願いがあるんだけど……（なるべくもったいぶって），このなかにみんなに探してきてもらいたい葉っぱがあるんだけど，見る？」 （ゆっくり，子どもが注目するようにバンダナをあける） 「じゃじゃーん，この葉っぱです」 （子どもの発言をひろいながら，特徴に気づかせる） 「そうそう，いろいろな特徴があるよね」 「さあ，これと同じ葉っぱを見つけられるかな？」 「はい，行ってらっしゃい」 （さがす範囲も指示する）
0:05	「これかなあ」 「こっちのほうが大きい」 「虫食っててもいいの？」	子どもがさがしている間，様子を見てまわる。見つけられない子には，「あっちで〇〇ちゃんが見つけたみたい」などの声をかける 全員を集めて輪になって座る 「みんなのひろってきた葉っぱを見せて」
0:15	輪になって座る 「〇〇ちゃんのが大きい」などくらべて感想を言い合う 全員いっせいに出す 「あ〜〇〇ちゃんだ」 「△△くんも大きい」	「うわー同じ葉っぱだけど，いろんな大きさや色があるねえ」 「となりの友だちとくらべっこしようか？」 子どものつぶやきを聞いて，同じ葉っぱでもよく見ると違うことに気づかせる 間違えて，違う葉っぱを持ってきてしまった子には似ているところに気づかせる 「じゃあさあ，誰のが一番大きいかな？ 1, 2, の3でくらべっこするよ。一度，後ろへ隠して」 「1, 2の3！」 「そうだねえー，1等賞は〇〇くん！」 「では，次の勝負はチビッコくらべ。1, 2, の3！」 では，次に探す葉っぱは…… （同じように特徴のある葉っぱを出して，同じ要領でくらべっこをする） いっせい勝負のテーマは子どもに出してもらう
0:25		「じゃ，みんなでこの葉っぱのお母さんを探しに行こう！」

・葉っぱの特徴を子どもに言ってもらい，気づきはみんなで分かち合うようにする。
・はじめは保育者の提案でくらべっこをするが，次は子どもの提案でくらべる。
・葉っぱをくらべ合うとき，大きいものがよい，長いものがよいというような固定概念を持たないよう配慮する。

● 森や林で遊ぶ──事例2 「色をさがそう」

自然物は注意して見ると実に様々な色合いをしています。森や林のなかから自然の色を集めてみましょう。特に秋の紅葉シーズンには年間で一番多くの色を見つけられます。

| 場 所 |　森や林。複数の落葉樹の落ち葉や木，倒木，石，草などの見られる場所。これらの自然が一か所に固まっていなくても散歩しながらでも可能。

| 時 季 |　秋

| 活動のねらい |　自然のなかにはいろいろな色があることに気づき，楽しむ。

| 準備物 |　色見本カードまたは色画用紙（名刺サイズ），白い模造紙や布

| 所要時間 |　20分程度

| 遊び方の手順 |

①数種類の色見本カードまたは色画用紙（名刺サイズ）を用意する。
②1人1枚，色見本カードを配る。
③配られた色と同じ色の自然物をまわりから見つけるように説明する。
④全員が見つけてきた自然物を模造紙の上に並べる。
⑤色が同じか違うか確認する。

| 留意事項 |

・できるだけ色の種類が多い葉っぱや自然物の落ちている場所で行い，探す範囲は明確に示す。

具体的な活動の様子「色をさがそう」

時間	子どもの様子	保育者の援助
0：00	森のなかに全員集まる	
	「みどり！」「きみどり！」	「葉っぱは何色かな？」 「そうだね，木の葉っぱはみどりがいっぱいだね。ここには，ほかにもいろんな色があるけどわかるかな？」
	まわりを見ながら口々に「赤」「茶色」	「そうだね，ここにはいろいろな色があるね」
0：05	「さがす，さがす！」 色見本カードを1枚ずつ受け取る 子どもたちは色見本カードと照らし合わせながら，同じ色の自然のものをさがす	「これから先生の大好きな色のカードを配るから，それと同じ色のものを持ってきてくれるかな？」 色見本カードを1人1枚配る 「さがすのは自然のものだけね」 集める自然のものとは，「虫やネズミや鳥が食べても大丈夫なもの」「あと，石や砂でもいいよ」というようにわかりやすく伝える
0：15	模造紙の上にひろった自然のものを並べてくらべる 「こんな赤があったよ」 「私はみどり色だけど葉っぱじゃなくて土（こけ）だよ」 「この石の色，ちょっと茶色と違うんだよー」 「これは，こっちに似てる」 「こっちは，赤を集めてるんだよ」	白い模造紙を広げて，戻ってきた子どもから，子どもが集めた色とカードを置いてもらう 「うわー，いろいろなものを見つけてくれたね」 「同じ色同士で，まとめてみようか」 同じ色でも微妙な色合いの違いや自然物の違いに気づくようにうながす

・色見本カードの色は現地の状況を見ながら選ぶ。
・ひろってきた色の「おなじ」「ちがう」「にている」を大切にする。
・競争にならないようにゆったりとしたペースで行う。

＜新たな遊びへの発展，展開＞

　全員が同じ色のカードを持って，同じように色さがしをする。同じ色見本カードでも集めてきた自然物の色は子どもによって異なる。

4. 水辺で遊ぶ

　水辺の自然に接して遊ぶことは年間を通してできますが，温度の違いや流れの勢いなど水という特性を身体全体で味わうには，夏場に水のなかに入るのが一番わかりやすいでしょう。また，川では流れをつくっている水も，池では滞留してほとんど流れることはありません。池などでは冬の寒さで水が凍ってしまうことも体験してもらいたいものです。水辺はそこでしかできない経験ができ，そこにしかいない生きものたちに出会えるという点で，大切にしたい遊び環境です。そして水とのふれあいを深めることは，水はどこからくるのか，どこにいくのか，そして水を必要としているのは誰かなど，大きな視野で自然を見る目を育むきっかけにもなります。

　一方で，園外の水辺は危険も多い場所です。他の場所よりも活動の自由度を考えなくてはなりませんし，大人の人数や準備物も変わってきます。また，水辺という環境でも慣れると遊びはより豊かになっていきますが，慣れが危険に対する無防備につながることを常に意識しておきます。

　この「水辺で遊ぶ」では，夏場の水遊びと冬の氷遊びの事例を紹介します。

● 水辺で遊ぶ──事例 1 「川遊び」

　川に入ることで，水の冷たさや流れを知ることができます。また川には魚や貝，カエル，水生昆虫などの水辺特有の生きものを見ることができます。

| 場　所 | 水遊びに適するような水質のきれいな水深 10 ～ 20cm 程度の小川。水生生物が豊かにいればなおよい。

| 時　季 | 夏

| 活動のねらい | 川の水に慣れ親しむ。川にすむ様々な生きものにふれる。

| 準備物 | バケツ・網・ペットボトル（採った魚を入れたり，トラップにする）・プリンカップなど水を汲んで遊べるもの・着替え・水のなかでも脱げないバックバンドのあるサンダルか古靴（ビーチサンダルは不可）・運動帽子（鮮やかな色をしているので，川のなかにもぐってしまっても発見しやすい）。マムシや毒虫対策として救急セットにポイズンリムーバー（毒液を吸い取る器具）なども用意しておく。

4章●●●自然と遊ぼう

[遊び方の手順]
①川のなかに入るよう,子どもを誘う。
②保育者も魚や貝を見つけて,楽しむ様子を見せる。
③自分たちの好きな遊びをする。

具体的な活動の様子「川遊び」

時間	子どもの様子	保育者の援助
		川底にあるガラスの破片などの危険物がないか調べ,あらかじめ取り除く 水辺の草むらにはマムシ等がいる可能性があるので川遊びをはじめる前に周辺を点検する 子どもと一緒に,川のなか・川岸も含め遊ぶ範囲を確認する
0:00	喜んで水に入る子もいれば,川辺で様子を見ている子もいる 保育者や友だちの楽しんでいる様子を見て,入る子もいる 「いいな？ 私も入りたい！」 「お水冷たくない？」 「やだー,入りたくない」 少しずつ水に入る子が増えてくる	保育者も水に入り楽しんでいる様子を見せる 「うわぁ～ 気持ちいい～！ 冷たい！」 「あれ？ 川のなかに何かいるよ」 川がはじめての子どもも安心して遊べるよう配慮する
0:10	それでも入らない子もいる 「あ,魚,いた」 保育者と魚や貝を採る子がいれば,友だちと協力して採っている子もいる 石をひっくり返して生きものを探す子もいて,石を使って,堤防づくりがはじまる 「こんなきれいな石,見つけたよ」 「何か,動いた！」 カエルの跳ぶ様子を真似て遊んでいる子がいる 葉っぱを流して遊ぶ子もいる 岸で穴を掘る子がいる 「ちっちゃいお池をつくろう」	とまどっている子には声をかける 「気持ちいいよ？」 「あれ,何か光った！ お魚かな？ 一緒に探してみようか？」 「先生と一緒に入ろうか」嫌がる子には声をかけ,様子をみながら,保育者が抱いて川のなかに一緒にそっと入る 無理強いはせず,慣れるまでそばにつく どうしても川のなかに入りたがらない子は,水から上がって岸でみんなの様子を見たり,岸から網で魚を捕ったり,虫を採るなどして,その子が楽しめる遊びを一緒に探す 長い時間水のなかにいると体が冷えてくるので,適宜休憩を入れる

[留意事項]

- その日の子どもの体調をしっかりチェックする。保護者からも子どもの様子を聞く。
- 水に対する気持ちは一人ひとり違うのでよく目を配り、楽しい川遊びになるよう配慮する。
- 水辺は、他の場所よりも危険が多いので、下見は十分に行う。計画策定時の下見、1週間前の下見、当日出発前の下見など。下見の際には、場所の選択と大人の数と子どもの数のバランスに注意し、実際に大人がそこで活動してみること。川の場合は、急な増水の可能性の有無なども調べておく。おぼれた場合の救助道具や救助法など万一の対処法についても確認しておく。
- 活動内容や場所によってはライフジャケットの準備や着用も検討する。場所やその日の水温によっては身体の冷えに対応できるよう、温かいお茶や大きなタオルも準備する。
- 活動のはじまる前に、遊ぶ範囲全体を子どもに見せて、危険な場所を知らせておく。大騒ぎして入らないように注意する。
- 他のグループや一般の人が遊びに来ている場合は、そのエリアは避ける。

● 水辺で遊ぶ──事例2 「氷をさわってみよう、割ってみよう」

　凍ることは、冬の水辺の特徴的な現象です。冬の氷を見て、さわることで水の形質の変化を体で感じます。池であれば、寒さの厳しい季節には完全に表面が凍って、よい遊び場所になります。直径が50cmほどの小さな場所でも子どもはスケート場に見立て、フィギュアスケートの選手になりきります。少し広さのある池であれば、おしりで滑って遊びます。順番に滑ったり、背中を押す役をしたり、下の方で待ち受けて手を遮断器にして踏み切りごっこをします。氷を割ることも大好きですが、割るという一つの行為のなかで、簡単に割れる場所・割れない場所、硬さ・厚さ・冷たさなどを経験します。氷は冷たさを感じるだけではありません。

割れると大喜びで，割れたその形や凍り方のおりなす美しさや不思議さにも気づき，また，様々なものに見立てられていきます。拳銃に見立てられた氷からアニメのキャラクターのなりきりごっこ，三角の小さな氷がアイロンに見立てられて，おままごとがはじまります。

　できれば，春夏から慣れ親しんできた自然の水辺が冬に凍るのを見て，そこで遊んでもらいたいのですが，地域によってはそういう環境がないというところも多いでしょう。西日本の暖かい地方では，自然に凍ることはまれですが，もしそういう機会に出会えたらぜひ遊んでもらいたいものです。

　氷は園でも簡単につくることができます。園庭に小さなくぼみがあれば，水を張ると小さなスケート場ができるかもしれません。また，いろいろな容器に水を入れておけば，いろいろな形の氷がつくれます。

|場　所|　氷の張った深くない池や小川，水生生物がいればなおよい。

|時　季|　冬（厳冬期）

|活動のねらい|
・気温が低くなると，水が凍ることを知る。
・実際にさわったり，割ったりすることによって，氷の冷たさ・硬さ・手ざわりなどを知る。

|準備物|　バケツ　着替え（濡れた場合のタオル，服，靴下，靴，手袋）　温かいお茶

|遊び方の手順|
①池のそばまで近づき，子どもが氷の存在に気づくようにうながす。
②氷が薄くなっているところに注意をうながす。
③さわったり，割ったり，手に取ったり，氷を透かして景色を見たりして氷の感触を楽しむ。
④氷の上から，越冬する魚などの生きものを観察する。

具体的な活動の様子「氷をさわってみよう，割ってみよう」

時間	子どもの様子	保育者の援助
0:00	池のなかを見ながら「あー，氷だ！」と，子どもは氷を見つける	散歩をしながら，池のそばまでやってくると，多くの子どもが氷の存在に気がつく 「池はどうなってる？　前に来たときと，どんなふうに違うかな？」 「池のそばまで行って氷をさわってみようか」 氷が薄くなっているところに注意をうながしながら，池のそばまで行く 氷を見る範囲を決めておく 自ら氷をさわってみる
0:05	「かちかちだ！」 「乗ってもいいのかな？」 「わあ！　つるつるだ！」 池の端から氷をさわる子がいれば，手にとる子，割ったりする子がいる なかには氷をわざと落として割ったり，氷を透かして景色を見る子もいる 「先生，こっちもこんなに大きいよ」 「くらべてみようよ」 「冷たーい」 「私も見る！」 「あ，見て，見て！　氷のなかに草が入ってる」 「こっちは石が入ってるよ」 どれくらい大きな氷を取れたかくらべる子や氷を落として割ったときの音を楽しむ子がいる	「ほら，先生の氷はこんなに大きいよ。もっと大きい氷はあるかな」 「向こう側が見えるかな」 「先生はお空を見てみよっと。わー，きれい！」 「わあ，ほんとだ」
0:20	氷をかざして見ると，向こうがゆがんで見えることを発見して，氷のメガネで友だちや先生の顔や景色を見て楽しむ子がいる 氷の上で滑って遊ぶ子もいる	氷をさわるのに没頭するあまり，場所を離れたりする子がいないように注意しておく 遊びの様子と身体の冷えの様子をみはからって，活動の終わりを決める

> 留意事項

- 氷をさわったあとは，身体を温めるための配慮をする（身体を動かす遊びをしたり，温かいお茶の用意など）。
- 氷を割るのに夢中になって，氷の薄い部分に乗らないように注意する。タオルや着替えなどを準備する。
- 氷を食べたいという子どもがいるかもしれないが，口に入れないように注意する。

5. 田畑で遊ぶ

　畑の活動は，園庭でも取り組めることですが，園外なら畑を取り巻く環境も異なり子どもたちの興味や集中の度合いも違ってきます。田畑での遊びとしては，夏野菜やジャガイモ，サツマイモといった野菜づくりが主流といえるでしょう。野菜を育てる楽しみとともに，火を使う取り組みも野外ならではの活動といえます。また，田んぼは保育にとって畑ほどなじみはありませんが，農家に協力してもらうことで，自然の遊び場として大きな活動拠点となります。こうした田畑での活動は，食育の一環として位置づけることもできます。

　田畑はミミズやバッタ，カエル，チョウ，土中の虫など生きものたちの世界でもありますが，一方で，稲作や畑作は，人間の文化的な営みです。農業は，自然と向き合い，自然を利用する文化であり，長い間，人間が育んできたものです。自然地で遊ぶ，という側面もありますが，農という文化にふれるという側面もあるのです。ここでは，季節をまたいで田畑で遊ぶ活動の事例を紹介します。

● 田畑で遊ぶ――事例1　「たき火と焼きいもを楽しむ」

　園外でおいもを掘ったら持ち帰って園や家庭で食べる場合が多いですが，園外でたき火をして焼きいもを味わうこともできます。焼きいもに限らず，野外で調理すること，食べること，火を使うことは印象に残る経験となります。地域にある同じ畑で，苗植え，成長の観察，収穫，たき火での調理など，季節ごとの活動が継続してできるとよいでしょう。

　場　所　　周囲に住宅のない空き地や畑地（火の使用については，所有者の許可を別途に取る）。

2部●●はじめてみよう

[時　季]　　秋〜冬

[活動のねらい]

・6月に苗を植えて，育てて，10月に収穫したサツマイモの生育の過程をふり返る。
・焼きいもづくりを体験するとともに，焼きいもを食べて収穫の喜びを味わう。

[準備物]　　スコップ，マッチ，新聞紙，アルミホイル，バケツ，火ばさみ，ゴミ袋

[遊び方の手順]

①サツマイモを育てたときの様子を写真でふり返る。
②たき火のために穴を掘る子，薪をひろいに行く子など自分のやりたい仕事に分かれる。
③サツマイモを濡れ新聞，アルミホイルで包む。
④たき火の穴に準備したサツマイモを入れ，木を組んで，火をつける。
⑤焼いもを味わう。

[留意事項]

・野外での火の扱い方について注意点を説明する。
・火にふれないように，子どもが押し合わないよう，また近づきすぎないように注意する。
・たき火の後始末をきちんとする（水をかけて，穴を埋める）。
・アルミホイルや新聞紙などを残さないようにする。自然に還るもの・還らないものに気づく。

4章 ●●● 自然と遊ぼう

具体的な活動の様子「たき火と焼きいもを楽しむ」

時間	子どもの様子	保育者の援助
0:00	サツマイモを育てているときの自分たちの様子やサツマイモの生長の様子を思い出しながら話を聞く 「楽しかった」 「こーんな,おっきなのとれた」	「6月にみんなで植えて,水やりをして育てたサツマイモを先週,掘ったよね。どうだった？」（6月からの写真を見ながら,定植,水やり,いも掘りまでのふり返りをする）
0:10	「ない」 「知ってる（石焼きいもの）車でつくっている」 「火をおこすのやりたい！」 「穴掘り,したーい」 「おいも,つつむ！」 たき火のために穴を掘る係,薪をひろいに行く係,サツマイモを濡れた新聞紙とアルミホイルにくるむ係と,それぞれ自分のやりたい係を選ぶ。 係に分かれて,活動する。 「このいもちっちゃい」 「こっちがおおきいよ」 「あ,おいもが見えちゃってる」	「焼きいもをつくっているのを見たことはあるかな？」 「今日はここで火をおこして,焼きいもをしよう」 焼きいもをつくる方法を説明して,薪をひろう人,たき火用の穴を掘る人,おいもを新聞紙でくるむ人の役割を提案する 薪ひろいを援助する保育者はどういう木が燃えやすいか,子どもと一緒に考え,確認しながら探す 薪が見つからない子には「あっちで○○ちゃんが見つけたみたいだよ」など声をかける 子どもが新聞紙を濡らし,くるむのを手伝う
0:40	たき火のまわりに集まって火おこしを見る 近くで小さな枯れ枝を見つける子どももいる 「料理に使う」「暖かい」 「火はね,明るいよ」 保育者と一緒に散歩に行く たき火を見ていたい子どもは残る	薪が集まった頃合を見て,たき火の穴に木を組んで,火をおこす 「たき火にあたっていると暖かいね。みんなはどんなことに火を使ってる？」 火がおきたら,サツマイモを入れる 焼けるまで時間がかかるので,その間,子どもを散歩やほかの遊びに誘う 残った子どもと一緒に火の様子を見る
1:40	焼けたらアルミホイルや新聞紙を剥がして焼きいもを味わう	
2:30	みんなで後片づけをする	大きな皮やアルミホイル,新聞紙は自然地に残さないようにする理由を問いかけ,説明する たき火の後始末をする

● 田畑で遊ぶ——事例2　お米を育てよう

　農業と都市生活の距離が広がってから田んぼとの距離もずいぶん離れてしまいました。目の前に田んぼがあってもなかなかふれる機会は少ないようです。田んぼは一見するとイネしか生えていない単純な自然に見えますが，近づくといろいろな生きものがかかわっています。また，私たちが毎日食べているご飯は，すべてどこかの田んぼで誰かの手でつくられたものです。自然と生活をむすぶ活動として，教育の場で田んぼを利用することも増えてきています。

　稲刈りをしたあとの脱穀や籾（もみ）すりなど様々な取り組みにもかかわることができたら，活動の幅が広がってきます。また，園外の田んぼと同時進行で，園でも苗を育てると，園庭と田んぼとのつながりを感じることができます。田んぼでのお米づくりには，地域の農家の協力を得る必要がありますが，それが得られるなら，地域の活用という点でも保育活動にいっそうの広がりが出てきます。

| 場　所 | 田んぼ |

| 時　季 | 春〜秋（冬） |

活動のねらい
- 自分たちの力でお米を育てることで，イネという植物の生長への気づきや愛情を育む。
- イネの実がごはんやお餅という食べものになる流れを体験して，食と自然のつながりに気づく。

| 準　備 | 田んぼでのお米づくりに協力してくれる農家／自分の園で苗を育てるためのバケツ。|

遊び方の手順
　①初夏に手植えで田植えをする。
　②田植えのときの苗をわけてもらい園で育てる。
　③秋まで園の苗の成長を観察する。時どき田んぼまで生長を見に行く。
　④秋に稲刈りをする。
　⑤稲刈り後に，できるならば脱穀，籾すり，精米も体験する。
　⑥できたお米を食べる（餅米なら餅つき，うるち米ならご飯にする）。

季節ごとの活動例「お米を育てよう」

季節	子どもの活動	保育者の援助・準備
春・4月		協力してくれる農家と田植えの時期，方法について確認する できれば育苗を見せてもらう お弁当などで食べているご飯とお米の関係やお米づくりについて科学絵本や図鑑で説明をしたり，可能であれば田んぼを見に行ったりして子どもの期待感を高める
初夏・5月	[田植え] 泥のなかに素足ではじめて入る感覚を楽しむ子もいれば，こわがってなかなか入らない子もいる 田んぼの周辺にいるカエルやバッタ，草花などの生きものを採る姿が見られる	農家に協力してもらって田植えをする できれば，田植えの前に園でも泥にふれておく経験をしておく
6〜8月	[園で苗を育てる] 苗をもらってきて園で育てる 園の苗の生長を観察する 花が咲きはじめると期待が高まる 自分たちで田植えをした田んぼの苗の生長を楽しみにする子もいる	苗の状態に注意を払う 農家と稲刈りの時期，方法について確認する
9月	[稲刈り] 稲の生長（稲の高さ，穂）に驚きながら稲刈りを楽しむ子もいる 田植えのときとの泥や生きものの違いに気づく子もいる	園外活動として稲刈りに行く 稲の精米を農家に依頼する
11〜12月	[調理し，食べる] とれたお米を炊いて食べたり，餅つきをしてお餅にして食べる	お米のできる様子をふり返るための写真などを用意しておく

|留意事項|

- 田んぼの活動には農家の協力が欠かせない。田植え，稲刈りなど，田んぼで活動するときには綿密に打ち合わせをする。
- マムシなどの危険な生きものには注意する。
- お米を調理する際にも，協力してくれた農家や保護者と一緒に活動できればよい。

5章 保護者や地域も巻き込もう

1. 保護者を巻き込もう

　20世紀のはじめと終わりでは，人々の生活はがらりと変わり，子どもの遊び方も激変しました。テレビ・ゲーム・ビデオ・パソコンとヴァーチャルな楽しみが普及したのも，手づくりの食事より調理済み食品の利用が増え，ペットボトルが普及してお茶を買うようになったのも，1980年代以降のことです。自然とのかかわりも，「誰もがあたりまえのようにしていたもの」から「自然とのかかわりのできる地域環境と家庭環境にある子どもだけがするもの」へと変化しました。今の子どもの親世代の人たちは，すでにそういう時代に成長してきたのです。ですから，子どもの頃に自然とよく遊んだという人もいれば，虫をさわったこともなく草花遊びなどしたこともないという人もいます。自然とかかわることに価値があると思う人もいれば，そんなことよりもっと大切なことがあると思う人もいるのです。子育て観も以前よりずっと多様になっているのでしょう。

　保育者がよりよい育ちのためにと思ったことも，すべての保護者が同じように受け止めてくれるとは限りません。ですから，自然とのかかわりをもっと取り入れたいと思ったときには，保育者がその目的と意義を保護者に積極的に伝えていく必要があります。どのようなことをしているかだけではなく，どのような目的でしているか，それによって子どもに何が育つのかというあたりまえのように思われることまで，わかりやすく園便りなどに載せたりします。「受けとめてあげてください」と言うだけではなく，なぜそうしなければならないのかの説明も必要なのです。可能であれば，子どもの様子を写真やビデオに撮ってスライドショ

> COLUMN
>
> ## ビオトープとは何か
>
> ビオトープとはギリシャ語の"bios（生物，命）"と"topos（場所）"を合成してつくられたドイツ語で，もともとは「自然の状態で多様な動植物が生息する環境の最小単位」のことですが，「人間の生活圏にある多様性を感じさせる自然」というニュアンスで使われることが一般的です。そうした場所を人工的につくることが「ビオトープづくり」です。トンボ池や多様な植物で緑化された屋上庭園も人工的なビオトープですし，鎮守の森や街中にぽつんと残された雑木林，田んぼ，畑などもビオトープとよぶことができます。ビオトープは多様な生物の存在を前提にした小生態系のことですから，自然観を形成する保育に適しているのです。ビオトープをつくる幼稚園や保育所も増えてきています。ただし，ビオトープがあればそれでよいということではなく，子どもたちが日常的にビオトープのある園環境のなかで生活し，ビオトープに直接かかわって遊び，そのなかで学べることが大切です。

ーにし，保護者会などで見てもらうと効果的です。保護者の目につきやすい玄関ホールなどにパネル展示をするのも一つの方法です。

　最も効果があるのは，自然とかかわって遊ぶ子どもの姿を直接見てもらうことです。できれば，自然とかかわる楽しさを保護者にも味わってもらいます。大人になっても直接体験の力はとても大きいのです。こうした機会を重ねることで，自然とのかかわりへの理解が深まります。園の取り組みに賛同してもらったり，子どもが家に帰ってから話すことを理解してもらいやすくなったり，もしかしたら，休みの日の遊び内容が変わるかもしれません。園の活動のなかに保護者を巻き込むという手もあるでしょうし，地域で行う活動を保護者と一緒にすることもできます。たとえば，園の畑でつくっている野菜の収穫や調理して食べる活動に保護者を招く，園庭に畑やビオトープをつくるときに親子参加にする，地域の公園に夜の自然体験に行くなど，いろいろな場面が考えられます。自然とかかわることが豊かな学びの場になっていることを保育者が積極的に伝えることも大切です。同じ遊びの場面でも，「自然のなかでむだに遊んでいる」のではなく「豊か

な学びの場となっている」ことに気づけば，目に見える成果物となって残らなくても価値ある時間だと納得できます。それは，日々の子どもの姿のなかに保育者が読み取り，記録し，折にふれて発信しないとわかってもらえません。子どもの発見やきらきらした感性の表れを子どもの言葉や表情に拾っては，それが価値あることだと発信します。その場合も，「素敵な笑顔でした」や「きらきら輝いていました」で終わらせず，どのような理由でそこに価値があるのかも説明しましょう。「日常性」「継続性」は家庭と園の生活がつながって完結します。

2. 地域の人を巻き込もう

　保護者のほかに巻き込みたいのが，地域の人たちです。いろいろな分野で専門知識を持った人やボランティア精神の旺盛な人はどこにでもいます。地域の自然環境に詳しい人，虫博士，地域の伝承に詳しい人，子どもの頃から住み続けて地域のことなら何から何まで知っている人，なかでも特に，高齢者は知恵の宝庫です。今では子どもが遊ばなくなった裏山に子どもの頃はカブトムシをよく採りに行ったと語る方やおいしい草餅をつくるノウハウを持っておられる方もあります。自分で苦労して調べるよりは，知っている人に教えてもらうほうが早いこともあります。何もない状態から人と人をつないでいくのはけっこう手間のかかることですが，地域の人との交流や世代間交流もできると考えれば，一石二鳥ではないでしょうか。子どもにとっても，親や保育者以外の大人と知り合い，多様な価値観があることを知るよい機会です。地域の虫博士や植物博士，自然保護や景観保護の活動をされている人など，自然を愛する大人にたくさん出会うことも大切です。また，いずれはどの子どもも小学校に入ります。地域とのかかわりの一つとして，同じ校区内，あるいは近くの校区の小学校との連携も考えていきたいものです。保幼小連携の観点からは，こうした園と地域がむすびつく活動が，小学校で行っている取り組みとつながっていくべきでしょう。そのためには，保育者と小学校教員が互いの活動について知り，内容に整合性を持たせるための調整が必要になってきます。

　幼い子どもの生活範囲は狭く，狭い地域に密着しています。保育の場で，そうした地域の環境や地域の人たちとかかわる経験を積むことが，地域への愛着心を育てていきます。自然を守りたいとか，住んでいる環境をよいものにしたいとい

うとき，愛着があることが大きな力になります。どこか遠くの国の森林が伐採されるのと，子どもの頃に毎日遊んで慣れ親しんだ森が失われるのは，同じ気持ちで受け止められません。そして，そういう慣れ親しんで遊ぶ経験をすることなく大人になってしまったら，どちらの伐採も自分とは無関係な他人事にすぎません。

　地域の教育力がなくなったといわれます。一方で，子どもをねらった犯罪が起きると地域の力が重要だとされます。日本の社会が長く継続して保ってきた地域のつながりは農村部でさえ衰退しているようです。社会は変化してしまったのですから，失われたものを今さら取り戻すことはできません。今の社会にあった新しいやり方を考えるしかないようです。それは，ばらばらになったものを一つひとつつなぐことかもしれません。子どもの存在は，そうしたつながりをつくるのによいきっかけとなりそうです。

COLUMN

自然を愛する大人に出会う

　幼児期の子どもを対象としたある自然体験キャンプでのこと。インタープリター（自然解説員）のAさんと3人の子どもが草原を歩いていました。1人の子どもが「あ，ウグイス！」と叫びました。どれどれとみんなで耳を澄ませていると，確かに，また聞こえましたが，よく聞くホーホケキョではありません。すると，Aさんが「この声のこと？　ホーホケキョじゃないでしょ？　ケキョ，ケキョ，ケキョって鳴いてる。これね，ウグイスさんが，ちょっと警戒している声。警戒ってわかる？　気をつけろって言ってるのよ」と言いました。子どもたちは不思議そうな顔をして「何で？」「悪い人が来るから？」「猟師かな？」と口々に言います。Aさんが「みんなが近づいてきたから，ちょっとびっくりしているの」と答えると，「私たちが近づいてきたから？」と意外そうに受ける子ども。その後，すぐ前にお花畑を見つけた集団は何もなかったかのようにまた歩きはじめました。このできごとが，子どもの心に残るのかどうかはわかりません。しかし，自分たち人間が自然にインパクトを与える存在だということを，自然を愛する1人の大人がさりげなく子どもに伝えているのです。Aさんのような自然を愛する大人にたくさん出会った子どもは，自然への理解が深まるような気がします。

6章

自然とかかわるときに気をつけたいこと

1. 園庭や園外の危険

　自然とかかわる活動は，保育室内での活動にくらべると，危険なこと・危険なものとめぐりあう可能性が高いといえます。園庭は安全性が高いところですが，それでも，危険な生きものがやってくることもあります。毒のある毛虫，毒ヘビ，ハチ，ムカデなどが代表例でしょう。ただし，すべての毛虫，ヘビ，ハチなどが危険というわけではありません。また，園のある地域環境がどのような場所かによっても，やってくる生きものは違ってきます。

　園庭では，そういう生きものがいないかどうか，注意しておく必要があります。たとえば，チャドクガというガの幼虫は，ツバキの仲間を食草とします。園庭に，ツバキやサザンカ，チャがあれば卵を産みつけるかもしれないので，春になったら注意が必要です。ハチが巣をつくりはじめたらハチには申し訳ないですが早めに取っておく，ムカデが好みそうな場所を園舎の近くにつくらない，マムシがよく出る地域なら園庭の草むらも要注意です。とはいえ，毒のない毛虫もたくさんいますし，ハチもムカデもその場所で生態系の一員として暮らしています。人間にとって不要だから殺してもいいのだという態度を常に子どもに見せるのは，人間の都合で自然に対してどんなことをしてもいいという感覚を子どものなかに育てることになります。人間は長い歴史のなかで，そのような感覚で自然に向かうことも多かったのですが，持続可能な社会を創っていかなければならないこれからの世代は，今までと同じ感覚のまま自然に向かっていてはならないでしょう。

　園外に出るときには，もっと注意が必要です。身近な公園，身近な道路であっ

ても，園庭と違って日常を知らない場所ですから，こんな危険があるかもしれないと予測をたてなければなりません。園外に出る場合にルートや拠点を定めるのは，危険への予防策としてもよいでしょう。はじめて行くところよりは，何度か行ったことがある場所のほうが危険に対する予測がたてやすいからです。園外では，危険な生きものだけではなく，危険な場所も加わります。水場ならおぼれる可能性が，山なら斜面で滑ったり，崖から落ちたりする可能性があります。どのような場所があるのかを事前に知っておくことは当然ですが，同じ川でも街のなかの溝でも，晴天が続いたあとと雨の続いたあととでは姿が違います。また，慣れにも要注意です。

　もし，事故が起こったときにはどうしたらよいのかも事前に考えておきます。保育者であれば骨折やケガへの対応などの基本的な救急法は一通り学んでいるはずですが，毒のある虫に刺されたときやマムシにかまれたときの応急処置・対応してくれる病院の場所・連絡先・携帯電話の電波圏内かどうかなどを調べておくことが事前の準備として必要です。水場の近くに遊びに行くなら，おぼれたときに救助するための道具・技術があるかどうかも重要です。こうした園としての姿勢や取り組みを保護者にも機会を見つけて説明しておきます。

　野外生活体験として，キャンプなどで野生の木の実をそのまま食べたり，調理して食べたり，山の水を飲むことが行われることもあります。こうした活動も危険と隣り合わせです。たとえば，北海道では寄生虫対策として生水を飲まない，山の木の実はそのまま食べないよう求められています。よく知らない人が間違って毒性のある植物やキノコを食べて入院したというニュースも毎年聞かれます。きれいな山水だと思っていたのに上流域で家畜を飼っていて，細菌数が多かったということもあります。知らない，確認できないなら，自然のものには安易に手を出さないことが無難です。自然は美しいだけではなく，危険でもあり，人間はその歴史のなかでずっとその危険な自然と折り合いながら暮らしてきたのです。

2. 危険を予防する態度を育てる

　こんなふうに考えていくと，自然のなかで思いっきり遊び，いろいろな経験をしてもらいたいと思っても，何となく尻込みしたくなります。ですから，無理をせずに，自分の力の及ぶ範囲のなかでの活動を考えていきます。大人も無理をし

Q&A ちょっとした虫さされやケガでも保護者から苦情がきます。どうすれば・・・？

　保護者自身が自然とかかわる経験が少なかったり，自然に対する忌避感を持っていたりする時代です。また，表面上は苦情でも，実はいろいろ不安があって聞いてもらいたいという場合もあります。まず，保護者の気持ちを受け止めて話を聞きましょう。といって，何でもおっしゃるとおりにしますというわけにはいきませんから，子どもの育ちにとっての意義を丁寧に繰り返し伝えることしか道はありません。入園時の説明・活動をする際の説明・園便りなどに保育をする側の考え方を何度も説明します。自然とかかわることがなぜ必要なのか，小さなケガが大きなケガを防ぐのはなぜか，運動能力や判断力は自分の経験を通してしか育たないことなどを，特定の保護者だけではなく，園の基本的な考え方として全員に伝え続けます。また，自然とかかわる価値だけでは不十分で，安全性への配慮・保育者の対処技術の向上など，園として危機管理にどのような具体的対策を取っているのかも一緒に知らせていきます。

ないということです。園のなかに，一人でもこうした知識の豊富な職員がいると助かります。誰もいないようなら，自分がそうしたスキルを身につけてもよいでしょう。アウトドア活動の指導者養成講座などに参加すれば，基本的な知識を身につけることができます。

　このように，子どもの安全を守ることは大切ですが，危険を予測し，予防する，また対策を取るという感覚を子どもに育てることも大切です。そもそもどこで暮らそうと100％の安全など存在しません。自分で危険を察知する力や危険に対処する力は，誰かから常に守られているような安全なところにいると育たないのです。何が危険であるのかという知識やそれを予測し，予防する態度は，大人から学んでいきます。子どもの主体性が重要で，直接経験が大切だといっても，ほんとうに危険なことについては大人からの知識伝達・知恵の伝授が必要です。また，よく小さなケガが大きなケガを防ぐといわれますが，転び方など自分の身体で学ぶことも多いようです。包丁やカッターも危ないからと使う機会を奪うのと，危ないものだからこう使うのだと教わりながらできる範囲で経験を積んでいくのと

では，どちらがその子どもにとって役に立つでしょうか。ハチは「見たら殺虫剤で殺すもの」と学ぶより，「危険度がハチによって違うこと，巣は危険であること，ハチの立場からの攻撃の理由，ハチに刺されないための行動」などを学んでもらいたいものです。自然のなかに入るときには，無防備な服装ではなく，たとえば，長袖・長ズボン・帽子・適した靴などのように，自分の身を守るための準備が必要なことも，経験すること，学ぶことの一つです。自然のなかでは楽しいことも多いし，得ることも多いのです。でも，常に危険が隣り合わせです。この二つを同時に経験していくなかで，自然観がつくられていきます。

COLUMN

どのハチもそれぞれの暮らしを

　ハチの仲間は日本だけでも4500種近くもいて，人を刺すハチはそのうちわずか40種ほどです。身近な生きものであるアリも分類学上はスズメバチの仲間です。ハバチの仲間の幼虫は，チョウのように植物を食べるイモムシです。また，モンシロチョウの青虫を飼育していると，その体から小さな幼虫がたくさん出てきて繭をつくり，青虫が死んでしまうことがあります。青虫に寄生するコマユバチの仲間です。なかでも注意したいのは，アシナガバチとスズメバチでしょう。どちらも防衛のために攻撃してくるので，保育の場に巣をつくりはじめたら早めに取り除きます。特にスズメバチは攻撃性が強いハチで，毎年のように事故が起きています。しかし，狩りバチがいるということは，その暮らしを支えるだけの生態系がその付近にあるということです。あるときベランダで，1匹のアシナガバチが飛んできて，木製の古い洗濯ばさみに止まりました。何をしているのか見ていると，その表面を懸命にかじりとっています。きっと巣材にするのでしょう。時間をかけて小さな塊をつくると運んで行きました。夏には巣を冷やすための水もよく取りに来ます。嫌われもののハチですが，地域の生態系のなかで彼らなりの暮らしを懸命に営んでいるのです。

7章 スキルアップしてみよう

　子どもが自然とふれあう保育をするうえで，保育者自身の自然への感性がとても大切になってきます。私たちは毎日，地球という星の上で，様々な生物，自然に支えられながら生きています。自然に支えられている，自然とつながっているという感覚を，無意識に持ち続けることが必要となってきます。子どもに寄り添って，子どもが感じる自然，気づく自然に対して同じように感じ，気づくとともに，新しい発見をうながしてあげられるのは，保育者たちに自然の感性があってこそといえます。

　朝起きるとまず鳥の声が聞こえてくる，空を流れる雲を見ながら風の向きを気にしてみる。そんなささいな気持ちが自然とのむすびつきを持っている証しといえます。あまり意識していない人もほんの少し意識を向けるだけで，きっと「自然の息吹き」を感じられるようになるはずです。

1. 好きな自然物へ心（耳，目，気持ち）を留める

　毎日一度，外に出たら目を閉じて耳をすましてみてください。意識を音に集中すると，季節によって，日々の天候によって様々な音が飛び込んできます。鳥の声，風の流れ，草葉のざわめき……。毎日聞こえているのに聞いていない音を聞くことで身近な自然を感じ，意識することができます。

　また，毎日接する自然の事物を注意して見てみましょう。園庭の自然が一番よいのですが，自宅の庭に植えられている木や花でも，通勤途中に必ず目にする街路樹や生け垣でも，鳥たちや空の様子でもかまいません。自分の気になる自然，

好きな自然を見つけてください。気になる自然，好きな自然を毎日見ながら，変化はないか意識してみましょう。樹木であれば，日によって色や形が少しずつ変わってくるかもしれません。初夏のころであれば新しい葉っぱが芽吹き，夏には色濃く輝き，秋には色が変わり，冬には落ち葉として地面に落ちていくかもしれません。こうして耳を傾け，注意して目を向けることを「心を留める」といいます。こうして心を留めることが，自然への注意・関心を持つまず第一歩です。

2. もっとよく知る

好きなことができたら，もっといろいろなことを知りたくなるのが人の常です。自然に対しても同じでしょう。毎日心を留める自然があり，変化を気にするうちに，その自然のことをもっと知りたくなるはずです。ぜひその自然のことを調べてみましょう。樹木であれば，その名前はもちろん，原産地はどこか，季節ごとにどのように変化するのか，仲間にはどんなものがあるのか，人との関係はどうなっているのかなど，とにかくいろいろなことを調べてみましょう。そしてその自然のことなら誰にも負けないくらいの知識，情報を持つようになれば理想です。

3. 体験する

知識としてではなく，感覚としてもっと自然を感じてみたい，もっといろいろな遊び方で子どもと一緒に自然に接してみたい，共感してみたい。そう思ったら，ぜひ実際に「体験」してみてください。体験は日本ネイチャーゲーム協会や日本自然保護協会などの自然体験活動推進協議会（通称 CONE ＝コーン）に加盟する環境 NGO などが主催する研修会に参加するのが最もポピュラーで確実な方法といえます（146 頁参照）。自然への感覚を研ぎすますのも，自然遊びの幅を広げるにも，こうした「体験」が一番の方法です。

こうした研修会は年間に何度か全国各地で行われていますので，もっと具体的に知りたいと思ったら，各団体の研修会の情報を収集するようにしましょう。研修会では，自然に詳しくない人でも自然とのふれあいを深められるようカリキュラムが組まれています。こうした研修会は自然の感性や自然とのふれあいの方法に重点を置いていますので，知識はあまりなくても参加することができます。

Q&A 私自身苦手な生きものがあります。どうすれば・・・？

「ムシは好きではないが，現場に出てからさわれるようになった」ということをよく聞きます。プロ意識なのでしょう。とはいえ，確かにある種の生きものを苦手とする人がいます。人によってもそれぞれで生理的に受けつけない場合もあるようです。たとえば，ヘビやクモ，ガやチョウが苦手という人，ゴキブリやフナムシの動きがだめという人もいます。生理的な嫌悪感は生まれながらという場合も，子どもの頃の嫌な体験に基づく場合もあるようです。そうした気持ちを抑えることは実際のところ無理な話です。それでも，生きものの生態（暮らしぶり）を知ることで，同じ生きものとして共感し，苦手意識が和らぐこともあります。たとえば，せっかく一生懸命拾ったかわいいドングリから白い幼虫が出てきて気持ち悪かったという経験はありませんか？　ゾウムシの仲間の子どもなのですが，その一生を知るとゾウムシなりにその生を全うしていることがわかります。気持ち悪いと思ったことを謝りたくなるほどです。また，なぜゾウムシとよばれていると思いますか？　この話で興味を持たれた方は，ぜひ『ドングリの穴のヒミツ』（高柳芳恵　偕成社　2006年）という本を読んでみてください。

4. 技術を知る

　自然に心を留め，体験をしてくると，自然に詳しくなかった人でも，自然との距離が今までより近くなり，そして楽しくなってきます。子どもとの遊び方をもっと知りたくなってきます。そういうときは図書館や本屋さんへ行って自然の遊びが書かれた本を手にとってみましょう。図書館や本屋さんでなくても園にある保育者向け雑誌や月刊誌なども見てみましょう。今まであまり目にとめなかったかもしれませんが，自然とかかわる遊び方が意外とたくさん載っています。

　一度自然と仲良くなった保育者であれば，そうした図書を目にしただけで，「あ，これおもしろそうだな」「これなら，うちの園でもできそうだな」とピンとくるようになっているはずです。どんどんいろいろな自然の遊びにチャレンジしてみ

COLUMN

🐞 ねらいをたてても

　秋の終わり，ある自然体験実践施設に保育者と一緒に子どもたちが秋の遠足でやってきました。見ていると，展望台をめざして列になって山道を上がっていきます。保育者は要所を押さえて立ち，最後尾を確認し，忙しそうです。保育者には立ち止まって自然の造形美に心を動かす余裕はなく，何か見つけて立ち止まった子どもも，後ろから上がってくる保育者を見てあわてて歩き出します。目的地に着いて遠景を眺めると降りてきて，下の広場でお弁当を食べ，帰って行きました。おそらくねらいには「秋の自然に親しむ」と書かれているのでしょう。色づいた木々は目に入っていますから，帰ってから「もみじがきれいだったね」とは言えるし，子どもたちも同意してくれるでしょう。自然の豊かなところに行けば自然とかかわったことになるのでしょうか。もう一度自然とのかかわりの意義に立ち戻って，活動のあり方を考え直す必要がありそうです。

てください。こうした自然とのかかわり方は，これからの保育では必要な技術の一つといえるでしょう。一通りの技術を身につけて遊びを実践していくなかで，保育者は「多様性」「循環性」「有限性」という自然の特性をしっかり意識しましょう。

　子どもが自然とふれあう保育とは自然への関心を高め，自然の美しさや繊細さ，大きさといった表情的な点へ意識を向けるとともに，自然の多様性や循環性等への気づきにつなげることが大切です。

　自然は私たちの暮らす「環境」の根本を形成するものですが，往々にしてそれを忘れがちです。現代社会では「環境問題」は避けて通れなくなっています。この「環境問題」は人が環境の根本を形成する自然の存在を忘れたときに発生する問題です。21世紀以降も持続可能な社会をめざすためには自然を意識した社会が必要となってくるのです。

　私たちが常に自然に対して感性をみがき，環境への意識を持って子どもが自然にふれあう場をつくることが，実は将来の大人である子どもたちへの最高の贈り物といえるのです。

3部
見てみよう

8章

園庭・自然環境の見直しから地域の子どもの園へ

関西学院聖和幼稚園（兵庫県西宮市）

1. はじめに

　関西学院聖和幼稚園は，神戸・三宮，大阪・梅田の都市部から電車で1時間以内の場所にあり，六甲山系の東側に位置する兵庫県立森林公園・甲山の裾野にあります。周辺の自然環境は豊かで，甲山より森が広がり，田畑が多く，水田，ネギ畑などの耕作地も多く現存する地域です。また，住宅もこれら田畑地主の旧家に，戦後からつくられてきた閑静な住宅街が続き，道は町の中心部を旧街道が通るほどに古いものが多く，路地もたくさんあり，曲がりくねった道が町中を網目状に走っています。

　1980年代半ばまでこの地域の子どもたちは，この自然環境のなかで異年齢の仲間と遊ぶというのが自然な姿でした。1980年代にこの地域で幼少期を過ごした人たちに聞き取り調査をしてみました（2007〈平成19〉年6月調査・30代男性5名，女性4名）。その結果，次のような体験記を語ってもらうことができました。

　「鎮守の森でいろいろな種類のセミやトンボを捕まえたり，田んぼや用水路ではオタマジャクシ，カブトエビ，ザリガニなどを捕ることもできた。春には近くの広場や空地でツクシやワラビを採ったり，竹やぶではタケノコ掘りをして家に持ち帰る子もたくさんいた。夏には甲山でイタドリをしがんだり，山のなかに入って木の枝や廃材などを組み合わせて子どもたちの秘密基地をつくったり，いろいろな葉っぱや木の実を使ってままごとをしたり，川の水を堰き止めて葉っぱや木

の枝を浮かべたり,流したりした。秋にはススキの葉での矢飛ばしを仲間と競ったり,探検と称して森の奥まで入り,不思議な色のキノコを見つけたりした。冬には甲山で凍っているフユイチゴを食べたりなどと自然環境に存分にふれて遊びを楽しんできた」。

この地域は,日本で2番めに文教風致地区に指定されるほど子どもたちの環境が守られてきた場所でした。1980年代半ばまでは,幼稚園から園外・近隣の自然の豊かな場所に,毎日のように遊びに行くことを心がけていました。しかし,1980年代後半より他の都市部周辺地域と変わりなく都市化によって子ども社会の変容は余儀なくされました。車の交通量が増えたことや宅地造成の興隆に加えて,子どもを対象とした凄惨な事件の増加は,子どもたちを自然環境から完全に遠ざけたのです。

関西学院聖和幼稚園は,キリスト教主義教育の幼稚園で,神様から命,個性を与えられている子どもたち一人ひとりを大切に守り育てる保育を120年にわたって継承してきました。遊びを中心とし,ゆったりとした時間のなかで一人ひとりの子どもたちの心を大事にする保育を行っています。そのなかで教育課程の核となる教育目標は,以下の3項目です。

・子どもたち一人ひとりが,イエス・キリストによって啓示された神様の愛を感謝と喜びをもって受け止め,自らがかけがえのない存在であることを知る。
・子ども自身が,何ごとにも意欲的,主体的に取り組む自律的な精神を養うとともに,お互いの個性の相違や多様性を認めながらともに育ち合うことのできる思いやりの心を育む。
・神様の創造された自然のなかで,いろいろな体験を通して心身の健康を育み,豊かに情操を涵養する。

1980年代後半,地域における子どもたちの自然離れは,子どもたちの意欲や好奇心を奪い,健康な生活を減退させたように見えました。外遊びの際に,自分で遊びが見つけられない子どもが増え,うろうろしたり,「つまらない」「しんどい」「疲れた」などの言葉が多く聞かれるようになったのです。これらの状況を鑑み,1989(平成元)年度より子どもたちの身近な保育環境である園庭の自然環境の徹底的な見直しをすることにしました。

3部●●●見てみよう

2. 園庭の自然を植物から見直す

　1989年代当時,聖和幼稚園の園庭は,かつての設置基準に定められたすべり台・ブランコ・ジャングルジムなど,普通の公園と同じような遊具が点在し,小学校のグラウンドと同様の起伏のない地面が広がっていました。園庭の植物環境を見ると,そのグラウンドのまわりにソメイヨシノ,エノキ,クスノキ,フジなどの高木が10本ほど植えられており,中木はサンゴジュ,サザンカ,クチナシ,カイヅカイブキなど,低木の垣根はツツジ,サツキなどが高・中木を囲むように植えられていました。おそらく園庭がつくられた頃よりほとんど肥料が施されていない状態で,さらに,草を生やさないグラウンド状の園庭を保持するために,土壌は石灰を大量に撒き,填圧まで念入りにされていて,樹木は完全に弱っていました。さらに,グラウンドの地表から15cmほど掘ると水はけがよくなるためのバラスが10cmほどの層を成して埋められており,この園庭の土壌は自然環境の根幹をなす植物を育てるにはあまりにも不適なものになっていました。

　そこで,この園庭の自然環境のなかでもまず植物に着目して,改善を進めていくことにしました。当時,各クラス・テラスの花壇には,パンジー,ビンカ,サルビア,チューリップ,マリーゴールドなどの観賞用植物を植えていましたが,子どもたちはほとんど興味を示さない状態でした。保育者が植えて,保育者が世話をして,子どもたちは,たまに水やりをする程度のかかわりだったのです。もともと花壇があるから観賞用の花を植えなくてはいけないという,ノルマのように感じていた保育者の姿勢に問題がありました。そこで,1989年春から子どもたちが,主体的に栽培・観察できるようにと,家庭で芽が出てしまった食べられないイモ類を提供してもらい,花壇に植えて栽培することにしました。大半がジャガイモでしたが,他にもサツマイモ,サトイモ,コンニャクイモ,ヤツガシラ,ヤマイモなどが届き,子どもたちも非常に興味を示しました。そこで,子どもたちとともにこれらを種イモとして植

水やり

8章 ●●● 園庭・自然環境の見直しから地域の子どもの園へ

ヨウシュヤマゴボウ（左）とオオオナモミ（右）

えるところからはじめ，水やり，土の補充，支柱立て，施肥などを子どもたちとともに行い，ぐんぐん生長するイモの観察を十分に楽しみながら（ジャガイモは）7月に収穫をしました。土のなかから出てきた直径5cmぐらいのジャガイモに歓喜の声が上がりました。さらに，これをスライスしてバターで炒めて食べると，子どもたちは大喜びでした。また，大きく育ったサトイモの葉っぱを使っていろいろな植物遊びを経験したり，秋には，ヤマイモのむかごを収穫するなどの経験もしました。これは，けっして十分な広さのある畑での栽培活動ではありませんでしたが，子どもたちにとっては主体的にかかわることのできる自然，植物のある環境がここに誕生しました。

この栽培活動をはじめた時期と並行して，園庭のいろいろな場所に，子どもたちが自由にふれて遊びに使える草本類（ヨウシュヤマゴボウ，オオオナモミ，イノコズチ，ヌスビトハギ，アメリカセンダングサ，オオバコ，ジュズダマなど）を植えていきました。園庭の土壌は，肥沃な状態でなかったので，これらの草本類を子どもたちと植えた後に，化成肥料を施したり，肥沃な土を補充したりしていき，結果園庭には上記の草本類を中心にたくさんの野草が繁茂し，大いに植物にふれて遊べる環境ができてきました。

さらに，以下のハーブを植栽し，子どもたちが香りを楽しみながら植物遊びをすることができるように考えました。

A 群

アップルミント，ペパーミント，パイナップルミント，デンタータラベンダー，アーティチョーク，カールドーン，ダイヤーズカモミール，メキシカンセージ，

パイナップルセージ，ローズマリー

> B 群

カレープラント，ラムズイヤー，フリンジドラベンダー，ローマンカモミール，シルバータイム，ココナッツタイム，ラベンダータイム，バジル

　A，B群ともに宿根草です。当時，ハーブの類は，ほとんどが弱アルカリ性で水はけがよく，なお保水性の高い土壌を好むということは一応の知識として知っていました。そこで，まずはハーブを植える地面を子どもたちと15cmぐらい掘り，底5cmに通気性，保水力のよい赤玉土を入れ，その上10cmのところに黒土，バーミキュライト，腐葉土を混ぜてハーブ用の土をつくって入れました。この土壌に子どもたちと両群のハーブ植えたところ，1年めは繁茂して大いに遊びに用いることができたのですが，2年めになるとB群のハーブはほぼ枯れてしまいました。理由は，両群のハーブともに1年間で弱酸性の土が土壌に流れ込んだことが要因でしたが，A群はその後何年も弱酸性の土壌においても繁茂し続けました。ここでも土壌と植物の関係を学ぶことができました。

3. 土壌改良を工夫してより豊かな植物環境へ

　上の草本類の植栽と同時にクヌギ，コナラ，マテバシイなどドングリのなる樹木やビワ，カキ，ザクロ，キンカン，ヤマグワ，グミなど果樹も植えましたが，やはり根本的に植物が繁茂する土壌でなかったため立派な生長は見込めませんでした。日本のほとんどの地域の土壌は酸性土ですが，聖和幼稚園周辺地域の自然環境も同じく風化花崗岩・真砂土と酸性土壌が表土となっていました。もちろん，園庭に入れられている土も真砂土の酸性土壌でしたが，極度のやせ地になっていました。

　そこで，単にお金をかけて大規模な土壌改良や土の入れ替えを行うのではなく，植物の効果で園庭の土を肥沃にするためにシロツメクサ，アカツメクサの種を子ども

真砂土

シロツメクサ（左）とアカツメクサ（右）

たちと一緒にまくという試みをしました。多くの植物は，窒素を栄養として生きています。窒素は，タンパク質やアミノ酸を構成する元素で，空気中に多く存在するにもかかわらずそのままの状態で植物が取り込むことはできません。そこで，植物は窒素を取り込むことが可能な根粒菌をはじめ，微生物と共生関係を持ち，植物から根粒菌に栄養が渡る代わりに空気中の窒素を植物が使えるようにするのです。シロツメクサ，アカツメクサ，レンゲソウ，マメ科の多くの植物は，根粒バクテリア（根粒菌）が窒素を抱き込み，土壌を肥沃にしてくれる植物として知られ，裸地や荒地などに植えるとその土地が肥えるといわれています。聖和幼稚園の園庭にもこの原理を応用しました。

また，樹木でもハンノキやヤマモ

ダンゴムシさがしの様子

カミキリムシの幼虫さがしの様子

モのように根に放線菌を持ち，土壌が肥沃でなくてもいち早く生長するものを点在させて追加植栽しました。これらの樹木は，パイオニア植物とよばれ，山林ではいち早く育ちその土壌を肥やしてくれます。結果，これらの木の葉には窒素分が多く含まれていることで，落葉して，裸地をさらに肥やすことになりました。

　1994年ごろになると，園庭の植物が安定した生長をするようになり，植物環境が豊かになるにつれて鳥や昆虫などの小動物が集まる環境になってきました。子どもたちは，しだいに豊かになる自然環境のなかで花，葉っぱや木の実を使って遊んだり，その木立に集まってくる野鳥や昆虫を観察したり，落ち葉によって柔らかくなった土にふれたりと感覚器・五感を十分に使う経験をするようになりました。

4. 植物とかかわりを持たせた遊具の創造

　1995（平成7）年に阪神・淡路大震災により，西宮の地にあった本園も大きな被害を受け，園舎の建て替えが必要となりました。この機会にさらに園庭の拡充を計画し，既存の固定遊具などもすべて樹木とのかかわりを持たせるように変えることにしました。以下のような遊具を，保育者がデザインをして，手づくりできるものは保育者が造形・設置をしたのです。

● 聖和幼稚園の園庭の遊具

＜滑車＞
　園庭の隅に，7mの間隔をあけてソメイヨシノとナンキンハゼの2本の木を直径2.3cmの組み紐でむすび（ナンキンハゼ側を高さ2mのところにむすび，ソメイヨシノ側を1.5mのところにむすんだ），紐にぶら下がって宙を走る滑車遊びの遊具を設置しました。

＜3人乗りブランコ＞
　直径1m弱の幹を持つクスノキの大樹を利用し，10mほどの高さの枝に直径2.3cmの組み紐を2本ぶら下げてつくった木製ブランコを設置しました。

＜ナンキンハゼの根元につくった木製デッキ＞
　園庭には，ナンキンハゼの木が11本植栽されていましたが，うち1本のナンキンハゼとすべり台の間に高さ30cm縦横3mのデッキ部を設置しました。

＜木製の小屋（赤い屋根の小屋）＞

ブランコとすべり台の横に設置しました。頭上にはクスノキ，すぐ手の届くところにカイズカイブキ，ユスラウメの木本があり，その根元には，香りの強いドクダミなどの草本類が豊富に生えているところを選びました。子どもが一度に3，4人入ることができる三角屋根の小屋で，2畳の小屋，その横には2畳ほどのデッキ部を設けました。

＜ロープ製ブランコ（1人乗り）＞

築山横のクスノキの高木の枝に直径2.3cmの組み紐をむすび，直径30cmの円盤に座れるようにしたブランコを設置しました。

＜クスノキの枝に登れるネット＞

クスノキの高さ2m30cmの高さに伸びた横枝を利用して，そこに子どもたちが登っていけるようにネットを装着しました。一番高いところまで登り，下のソフトマットに飛び降りて遊べるようになっているネットの遊具を設置しました。

＜ハンモック状のネット遊具＞

4本の高木に4本の組み紐をむすび，縦横2mの木枠のなかにハンモック状のネットを張り，地上から1mの高さに吊られた遊具を設置しました。

クスノキの枝に登れるネット

＜三つの小屋＞

二つの築山の頂上を挟むように大型2階建ての小屋を二つ建て，真ん中にツリーハウス形状の小屋を建てました。三つの小屋は，回廊で繋がりその回廊からは，手が届く距離に香りのよいキンモクセイ・ギンモクセイが植えられています。また，2階建ての小屋の屋根は石の板で張られており，その

小屋の一つ

屋根のところどころにガラスの小窓があって，高木の高い位置の枝や木の実を見ることができたり，その木の実を食べにきた野鳥の様子が観察できるようになっています。小屋の塗装・防腐剤は，天然素材の柿渋を用いました。柿渋は青柿を瓶詰めにして発酵させた液体で，薄めて飲むと整腸効果もあるといわれるものです。昔は番傘の防水処理にもこの柿渋が使用されていました。こうしたことから，子どもたちがふれても安心ということで柿渋を用いることにし，実際に子どもたちと小屋や倉庫の柿渋塗りも行いました。

うんてい

＜うんてい＞

木製の支柱を用いた全長 18m のうんていを設置しました。藤棚からはじまりクスノキ，マテバシイの高木の横を通るように設置しています。この固定遊具も防腐処理に柿渋を用いています。

＜丸太の壁＞

高さ 2m の丸太を地面に垂直に立てたものを，横一列に並べた壁で，側面に足と手が掛けられる切り込みをランダムに配している遊具を設置しました。これも同様に柿渋を使用し，丸太の一番上に登ると円錐形に育ったゴールドクレストの苗を真上から見ることができます。

＜平行棒＞

木製の質感を感じられる平行棒を設置しました。これも同様に柿渋を使用しました。

＜ヒマラヤスギ下の小路＞

木肌にふれながら台で構成された小路移動が楽しめる遊具・環境です。登る以外にも，ままごとの空間に使用したりできます。

設置後，子どもたちの様子を観察したところ，予想以上に様々な子どもたちの姿，成長が見られました。既製の固定遊具に飽きていた子どもたちは，新しい固

8章 ●●●園庭・自然環境の見直しから地域の子どもの園へ

ヒマラヤスギの下の遊具（左）とその場所でのままごと遊び（右）

定遊具でいろいろな遊びを楽しんで工夫するようになっていました。既製の固定遊具の場合，だいたいの遊び方が決まってしまい，子どもたちが遊びの幅を広げる余地がきわめて少ないのですが，樹木などとかかわりを持たせた遊具は，自然の多様性により子どもたちの発想を無限に広げてくれることが確認できました。たとえば，滑車やブランコなどは樹木にぶら下った遊具ということで，しなりの振幅があり，子どもたちのさじ加減で勢いがついたり，ゆっくり動いたりと変化が楽しめるのです。また，同時に子どもたちもいろいろと試すうちに，度を越したりすると危険な状態になることも学びました。

　保育学や子ども学，民俗学分野の多くの研究者が，子どもは自然にふれ，小さな失敗を繰り返しながら自然の多様性を知ることを強調しています。まさに，この植物環境との接点を持つ遊具の遊びは，自然の多様性を学ぶことでそれに対応する能力を備えることになるのです。

　新しい固定遊具を介して，植物にふれる経験も増加しました。滑車は，樹木の幹によじ登ることから遊びがはじまるので，必然的に木肌にふれる経験をしています。デッキや小屋などは，自然物・植物を集めて遊ぶ環境となり，ままごと遊び，ごっこ遊びが展開する場として大いに活用されるようになりました。ネットの

様々な遊びが展開

3部 ●●見てみよう

ヤマグワ採り　　　　　　　　　園庭の夏

遊具では，クスノキの2m以上の高さにまで上がり，日頃下から見上げる樹木の葉っぱや木の実に直接ふれることができ，その見晴らしから爽快な気分を味わったり，恐怖を感じたりする経験にもなったようです。

高木の下に位置した固定遊具では，夏の暑い日でも涼しく過ごすことができ，木漏れ日のなかで楽しく遊んでいる様子がよく見られました。この子どもたちの姿を見ていると，この環境に入ることで森林浴的効果が得られることもあるのではないかと推察します。

以上，利点ばかり述べてきましたが，やはり植物との接点を持つ遊具としてその多様性から危険な状態を招くことも少なくありませんでした。特に，ブランコなどは，木のしなりにより大きな揺れの振幅を起こし，子どもたちでは制御できない危険な状態が続いたので数回にわたって安全な位置に付け替えました。また，滑車は，木の幹に紐をむすんで強く引っ張るなどの負荷がかかり，樹木の維管束を締め付けてしまい，たびたびその樹木が枯れてしまうということが起こりました。ただし，これらのことが起きたことで保育者の遊具への安全性・点検の意識が高まり，結果として負の要素だけで終わらなかったことも，ここに記しておきたいと思います。

5. 里山アプローチから地域の子どもの園へ

近年，教育でよく用いられるビオトープ（biotope）とは，その地域における植物・動物の生きる自然環境の再生を指しています。聖和幼稚園も当初はこの自然環境

菜の花摘み　　　　　　　　異年齢の遊び

の再生を考えていたのです。しかし、この20年間の取り組みは、「人は自然の一員」という視点だけではなく、この自然環境と人とのかかわり方を問い直す機会ともなりました。単にビオトープとして自然環境の再生を行うだけでなく、人・子どもは自然の一員であるという認識を持って、人と共生関係にある里山的な自然環境づくりをめざしてきました。

　子どもたちは、この里山的アプローチの園庭にて、今、大いに自然環境にふれるようになってきました。そして、自然環境にふれることで、豊かな感性・感覚、思考力、表現力、行動力、想像性、創造性、試行性、探究心、好奇心、科学性、知的発達、畏敬の念、感謝の心など生きる力の源泉となる要素を育んでいることが確認できました。また、同時に森林浴的要素を持つと思われる豊かな自然・植物環境のなかで、子どもたちは心身の恒常性を保ち、遊びに夢中になっています。その姿から豊かな植物環境というのが、非常に重要な環境であることも認識できました。

　里山的アプローチで幼稚園の園庭を変化させたことで、園児たちは自然環境に豊かにかかわることができるようになりました。今後は、聖和幼稚園の園庭を、かつてこの西宮の地にたくさん存在した広場や鎮守の森のように異年齢の子ども集団が集まる自然環境として位置づけ、子どもたちの生きる力がより育まれることをめざして自然環境の創生と子どもへの援助を考えていきたいと思っています。

解説

「園庭を変える」

　聖和幼稚園の保育室やテラスから園庭を見ると，すぐそこに里山があるようで，目にやさしいのです。その園庭に立ち入れば，まるで森林浴かアロマテラピーをしているかのようです。木々やハーブ類がもともと持っている香りに，子どもたちが遊びに使うためにちぎった植物の香りも加わり，目を閉じても植物の存在を感じます。そのせいか，どの子どもも落ち着いて遊びに没頭しています。子どもの声は飛び交っているのですが，木々に吸収されるためか騒々しい感じがありません。砂場では砂だけの遊びにとどまらず，小枝や木の実が加わります。園庭の台所では，水・土・植物を素材に料理がつくられ，いろいろな葉や花，実が鍋に入っています。オナモミのような遊びに使える植物も意図的に植えられています。ヨウシュヤマゴボウのあるところでは，子どもが熟した実を探していて，青い実だと「色が出ない」と教えてくれました。

　遊びを生み出すのは植物だけではありません。園庭には素朴な，しかし，物理的な法則が体感できる遊具や様々な傾斜の斜面，子どもサイズの小屋などが意図的に置かれています。既製の遊具はありません。複雑な斜面を子どもは走り抜け，段ボールでそり滑りをし，木に登り，滑車にかけた綱にぶら下がってロープウェイ遊びをします。身体を思いっきり使った遊びで心を解放していくのです。遊具の遊びと自然物のかかわりが分断されていません。

　お迎えの時間になると，未就園児を連れてきた保護者がそのまま園庭で時間を過ごし，園児と未就園児が一緒に遊びはじめます。しばらくすると，卒園児に限らず近所の小学生がやってきて，地域の子どもの遊び場にもなりつつあります。変わる世界・変わる子どもという現実に応えて，子どもの遊びが豊かになる場になるように保育者の力で「意図的に」変えていくのです。一度に成し遂げようとするのは大変です。まず，保育室の目の前の園庭を広場ではなく林にするという決断自体が大きなものです。そして，植物が根付くには時間がかかり世話も必要です。しかし，できないことではないということをこの実践は教えてくれます。

9章 子どもと大人のお米づくり体験記

東門前保育園（神奈川県川崎市）

1. はじめに

　財団法人神奈川県労働福祉協会東門前保育園は，1960（昭和35）年12月1日，川崎市の南部地区，歴史と伝統の街，川崎大師門前町に開設されました。高度経済成長期を経て婦人労働者，共働きの家庭が増え，保育園の様子も時代の流れとともに変わって，朝早くから夜遅くまで働く労働者の子育て支援事業から，地域の子育て支援事業へと担う役割も拡大されてきました。

　保育園のある川崎市の南部地区は，以前は工業地帯に囲まれ，風向きによっては工場の煙突の煙で保育園の洗濯物やプールが排煙の被害にあっていましたが，近年は工場の移転などにより空の青さや木々の緑も本来の色合いへ変わりつつあります。

　保育園の南西側には川崎大師，北側10分には多摩川が流れていて，どちらも東門前の子どもたちのお気に入りの散歩コースです。特に多摩川の河川敷は，毎年3月の卒園児の「お別れ遠足」に全園児・職員で出かけるなど，東門前保育園の子どもたちにとっては特別の場所になっています。春には，年長児の初仕事としてヨモギ摘みに出かけ，「子どもの日の集い」にヨモギ団子のおやつをつくってみんなにふるまいます。また，シロツメクサやタンポポの花飾りを身につけて，チョウや虫たちを追いかけたり，水鳥やカニなど水辺の生きものを見つけては，小さな頭をくっつけて覗き込んだり，凧揚げや土手すべりなど草まみれ，泥まみれになって思いっきり大胆に遊べる場所です。四季折々の自然にたっぷりふれあい，楽しめるこの場所は東門前の子どもたちにとってはなくてはならない宝物で

す。子どもたちの笑顔と歓声がいつまでも消えることのないようにこの自然を守り大切にしていきたいものです。

2. 食育への道

　東門前保育園で大切にしているものの一つに「食育」があります。社会情勢の変化により，人々の暮らしや生活スタイルも変わり，大人の生活が多忙化したことによって，子どもたちの食環境にも大きな影響を与えています。生活が昼から夜へと延長するにつれて，「夜更かし朝寝坊」の子どもは増え続け，起床時間の遅延による朝食時の食欲不振や欠食，食事に興味を示さない子どもも増えています。これらの子どもたちは，夜型化した大人の生活に完全に巻き込まれ，「心と身体の健やかな育ち」を妨げる事態といえるでしょう。

　子どもの発達には，順序性があり，月齢や年齢に見合った援助が必要なことは認識されているところですが，惣菜や出来合いの食品，濃い味つけの食事では，味覚や嗜好の正常な発達はのぞめません。実際，インスタント食品やおやつとしかよべない食事に慣らされた子どもが，後々友だちの家で食事に招かれたけど，味が合わなくて食べられなかったという例，逆に「おふくろの味」に慣れた子どもに，出来合いのおかずを食卓に出したところ，いつもと違う味にほとんど手をつけず，食が進まなかった例もあります。

　東門前保育園では，お母さん（お父さん）と一緒に過ごす時間を密度の濃いものにする手だての一つとして，時には親子で献立を考え，材料を買いに行き，一緒に料理することをすすめています。「野菜の皮をむく，ちぎる」などの簡単な作業から，「洗う，切る，焼く，煮る」などの調理作業を手伝いながら行います。できあがった料理を食卓に並べ，家族揃って楽しい雰囲気のなかでおいしい食事をすることが，乳幼児期の子どもにとってどれほど大切なことか，保護者の方にも実体験で感じていただきたいと思っています。

　また，1日の大半を保育園で生活している子どもたちのために，今，保育園でできることは何かを模索検討した結果，1997（平成9）年度から幼児クラスにバイキング式の昼食を取り入れました。食事を楽しみ，自分から「食べたい」「食べてみようかな」と思えるように，自分で食べる量を決めて盛りつけるようにしました。偏食の子どもは，嫌いなものにはまったく手をつけようとしないため，

栄養面には問題はないかなど種々問題点・疑問点が浮上し，そのつど意見を交わし，検討を重ねて，「基本的に子どもの気持ちを尊重し，大切にする」「偏食についても何とか食べさせようと無理強いするのではなく，その背景を理解し，対応を考慮する」ことを確認し合いました。そして，バイキング式と並行して菜園づくりにも取り組むことにしました。菜園は，おもに年長組を中心に保育の一環として，土おこしや雑草取りなど畑の土づくり作業から行い，畑仕事の大変さから収穫の喜びまでを体験しています。野菜の生長過程を観察し，生の野菜のにおいを嗅いだり，味見をしたあとで調理をするという保育体験をとおして，子どもたちは食べものへの関心を高めました。食事時間の様子も明らかに変わり，食を楽しむ姿が多く見られるようになりました。

3. お米づくりの実践

● はじまり

お米づくりのはじまりは，2005（平成17）年の環境共育事務所Ｋ＆Ｋプランニング（当時）の神田さん（子どもたちは米隊長とよんでいる）との出会いがきっかけでした。神田さんの指導のもと，芽出しから種まき，田植え（トロ舟），稲刈り，脱穀，籾すりまでの工程を子ども主体に行い，最後はわら細工で締めくくります。子どもにとってはちょっと難しいお米づくり作業ですが，神田さんのかみ砕いた，子どもにもわかるような丁寧な指導に，子どもたちは興味津々で楽しみながら取り組んで，神田米隊長の来園を心待ちにしています。

お米づくり4年めの今年には，係り活動を1年間通して行う仕事として位置づけて，取り組みました。

①米とぎ……毎朝，9時の人数確認後，保育園全員のお米をとぎます。水が冷たい冬の頃は，くじけそうになることもありましたが，自分たちがといだお米をみんなが「おいしい」と言い，おかわりをして食べる様子や励ましに勇気づけられ，やりとげます。

②米……田植え後は毎朝水枯れにならないように，トロ舟を見回り，稲の生長を観察したり，小さな生きものを見つけてみんなに報告します。

③野菜……毎朝，畑を見回って野菜の観察，水やりをします。食べ頃の野菜は，収穫してクラスのみんなに報告してから調理室へ運びます。

④花……畑を見回り，水やりをしてから花の様子を報告します。この夏には想像以上に高く生長したヒマワリと背比べをしたり，花と顔の大きさ比べ，根気よく種の数を数えたりしました。
⑤ハヤ……宿泊保育で，道志川から捕ってきたハヤを水槽で飼うことになって，水槽の掃除や餌やりなどの世話をします。

係は，それぞれ担当したところで何か変化があった場合は，クラスのみんなに報告をし，困ったときは全員で話し合い，嬉しい出来事は喜び合い，クラスで共有しています。

● 育ち〜収穫

<お米づくり1回め：4月18日>
　神田米隊長のお話。…①
　籾殻つきの米の観察。
　籾殻の皮をむいてみる。

①

<浸種2日め：4月19日>
　水槽の塩水のなかに籾殻つきの米を入れ，浮いてこない元気な粒だけを水につける。…②
　お米係りが毎日水を換えて観察する。浸種6日めで芽が出たのがはっきりわかる。

②

<お米づくり2回め：4月24日>
　2種類の土を混ぜる。
　混ぜた土を牛乳パックに半分くらい入れ，芽が出た米粒を1人3粒

ずつ土にうめる。…③
米係りが毎日，霧吹きで水をあげる。それぞれ毎日観察する。…④

<お米づくり3回め：5月1日>
　トロ舟の土づくり。表面の腐った葉などを取って，土を混ぜる。

<お米づくり4回め：5月16日>
　園内田植え（トロ舟）
　トロ舟に水を入れて，踏んで軟らかくする。
　トロ舟のふちについた土もなかに入れ，最後は手のひらで平らにする。…⑤
　土に大人が線を書いて十字になったところに苗を植える。
　苗は親指と人差し指で持ち，親指と人差し指で土のなかにグッと入れて植える。
　子どもたちもはじめての田植えとは思えないほど上手。…⑥

<継続観察>

5月30日：田植えから15日め。…⑦

6月10日：田植えから26日め。約20cm。

6月23日：トロ舟の雑草抜き。

7月10日：緊急事態発生！ 稲の元気がなく，黄色くなってきた。早速，米隊長へ連絡。稲の元気のなさは肥料切れのためで，肥料を追加した。…⑧

7月23日：田植えから68日め。肥料追加後，稲は再びシャキッと元気を取り戻した。グングン伸びて約75cmになった。

8月11日：そして，田植えから87日め，ついに稲穂が出る！…⑨

8月26日：田植えから102日め，再び肥料を足す。スズメが稲穂を食べに来るようになり，鳥除けネットを張る。…⑩

9章●●●子どもと大人のお米づくり体験記

<稲刈り：9月16日　田植えから123日め>

刈る前に米隊長の話。…⑪

子どもたちは，自分のハサミを使って，少しずつ稲を刈っていく。…⑫

刈った稲は，1束ごとに，砂場のふちに並べる。子どもたちは，刈った稲を少しずつ大人のところへ運んで，束ねてもらう。…⑬

束ねた稲は互い違いに棒に立てかけて置き，再び鳥除けネットをかけて約2週間，乾燥させる。…⑭

3部●●●見てみよう

<脱穀：10月2日　稲刈りから16日め>

千歯こきを使って脱穀作業。…⑮
稲を千歯こきにはさんで，上に引っぱると，米だけが下に落ちる。この千歯こきは，大正時代につくられたもの。子どもたちも挑戦する。はじめは少しずつ。慣れてくると束にして。

⑮

<籾すり：10月30日>

黒い紙の上に脱穀した米を乗せて，手で籾殻をむいてみる。…⑯
すり鉢と野球ボール（子ども用には小さめのすり鉢とゴルフボール）を使って，ごりごりこする。籾殻と米を分けるには，バサッと振って，フッと籾殻を吹き飛ばす。やってみたけど意外と難しく約1時間かけて籾すり終了。

⑯

4. おわりに

限られた園庭のスペースを利用しての菜園，お米づくり体験なので，保育園の取り組みには，柔軟な発想と工夫が必要です。2007（平成19）年から神田米隊長の紹介で千葉県の農家の田をお借りしてお米づくり体験の場を広げました。5月には，年長児と職員で田植えに出かけ，9月は親子遠足で稲刈りに行きます。千葉の田んぼはザリガニやカエル，カメ，カマキリ，バッタなど大好きな虫たちがいっぱいいて，田仕事の合間（？）には虫採りに夢中の子どもたち。保護者のなかには，はじめて稲刈りを体験される方やこの日が田んぼデビューといった方たちもいましたが，終わってみると，「行く前は（稲刈りを）したくないな……

と思っていたのですが，いざはじめてみると新鮮な楽しさを感じました」「私自身もはじめての経験でしたが，子どもたちもよく働いていました。子どもにとって"～したことがある"というのはとても大切だと思います。……子どももその夜は，最後の一粒までご飯を食べていました」などの感想が寄せられました。

東門前保育園では，卒園記念に果物の木を植樹して，今では8種類の果樹木（カキ，ウメ，ブドウ，キウイ，ミカン，グミ，ビワ，ナシ）が園庭の端々で子どもたちの視覚・味覚を四季折々楽しませてくれています。梅干しづくりや梅ジュースづくり，ビワのジャムづくりをしたり，ビワの葉で宿泊保育用のTシャツを染めたり，園庭で遊びながらグミの実のつまみぐい，といったこともできます。そして年長児と年中児でお味噌づくりを行いました。年長児のお味噌は保育園で1年間寝かせて，1年生になった卒園児親睦会（同窓会）で樽を開けて記念に一人ひとりに分け，残りは親睦会の豚汁に使っています。また，年中児の味噌は，12月の親子餅つき大会の豚汁に使い，子どもたちが収穫した餅米はせいろの一番上で蒸して味見をします。

自然とふれあい，お米づくりや野菜づくりなど，準備から収穫までの根気のいる仕事にも意欲を見せる子どもたち。東門前保育園の体験保育は，まだはじまったばかりですが，食べものや生きもの，身のまわりのいろいろなことに興味を持って，「もっと知りたい」「自分もやってみたい」といった気持ちを大切にした保育，そして，本物の教材・生きた教材にこだわりを持ち，お母さんの手づくりのような，温かく一生記憶に残るような保育をめざしたいと思います。

お餅つきっておもしろい

これはわら。お米のついていない部分を乾かしたもの

解説

「食から広がる保育」

　「できたー！」「白いよー！」。籾すり用のすり鉢のなかから姿を現した小さい米粒に子どもたちの歓声があがります。秋の籾すりは，子どもたちの目が輝く瞬間です。

　東門前保育園では，「食」に対する意識が高く，お米づくり，野菜づくりのほかにも事例にあるようにバイキング式の昼食や給食室が中心になって行う「食育の時間」などがあります。ここでは特にお米づくりに焦点を当てて保育における意味を見てみます。

　東門前保育園のお米づくりでは，種からお米を育てています。これはイベント的でない日常の保育のなかで子どもたちに「食」や「自然」「文化」を伝えたいという保育者の「思い」が形になっているからです。「米隊長さん」の指導で保育者と子どもが一緒にお米を育て，12月の「餅つき大会」で，収穫したお米を保護者と一緒に食べます。また，脱穀後のわらを使って製作にも取り組みます。このように東門前保育園のお米づくりの保育は年間を通して行われます。子どもたちはイネの生長を見つめ，世話をして，お米を食べ，わら工作をすることで，イネやお米，食についての見方が培われてきます。

東門前保育園のお米づくりの一年

保育でお米づくりに取り組む意味は"お米を育てて食べる"という一連の行為のなかに,「食」「自然」「文化」とのふれあいの場を得ることにあります。

お米づくりと食

お米づくりは,食べもの(お米)の出自を知るなど,お米が「自然の恵み」であることを経験的に知ることになります。

東門前保育園ではじめてお米づくりをするとき,「お米はどこでできるのかな?」とたずねたところ「○○スーパー」と言う子どもが何人かいました。田んぼやお米を日常生活のなかで意識していないので,聞かれてもわからないのは当然で,スーパーにあるというのも自然な考えです。しかし,実際に自分たちの手で種から育て,水をやり,月日とともに大きく育ち,開花を目にし,種(米)がなり,それを食することは,「お米は"自然の恵み"」であることを伝える大切な活動となりました。

また,現代は生産や流通の技術のおかげで旬にかかわりなく様々な食材,料理を食べることができます。しかしお米のとれる時期は秋であり,キュウリやトマト,オクラなど東門前保育園の畑でとれる夏野菜の時期は暑い夏です。子どもたちはミニ田んぼや畑の活動を通して,食べものにはとれる時期(旬)があることを体験的に理解していきます。

このように,お米などを自分たちで育てることは,食を知り,食を味わい,食を楽しむことにつながります。また,食事のマナーなど習慣やしつけといった食生活全体へと広げることができます。

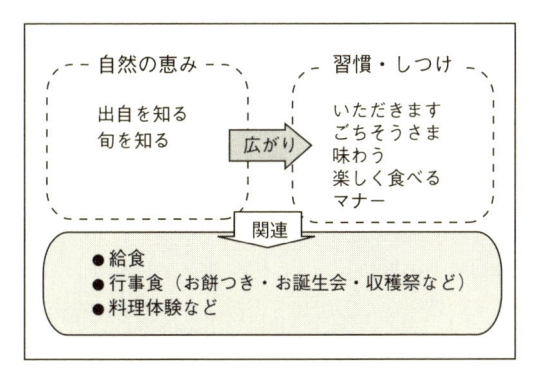

お米づくりの保育と食育

お米づくりと自然

　イネは，一年草の植物としてその生長を観察できます。また，田んぼは生きもののにぎわいのある場となり，生きもの同士，命のつながりを感じる場となります。周辺に緑の少ない東門前保育園の園庭でも，どこからかトンボがやってきます。小さなチョウやガがきてそれらを獲物にするクモが巣をはります。イネにとっては困り者の害虫もきます。また，虫だけでなくアゼナやカヤツリグサの仲間など雑草といわれる草も生えてきます。こうして田んぼのなかでは小さな生きものの世界がつくられ，多様な生きものの存在や生きもの同士のつながり合いなどを知ることになります。また，田んぼの泥にふれることで泥の感触を味わったり稲の育ちを左右する天候に意識を向けたりなど，生きものとは違う自然の存在を楽しんだりもします。

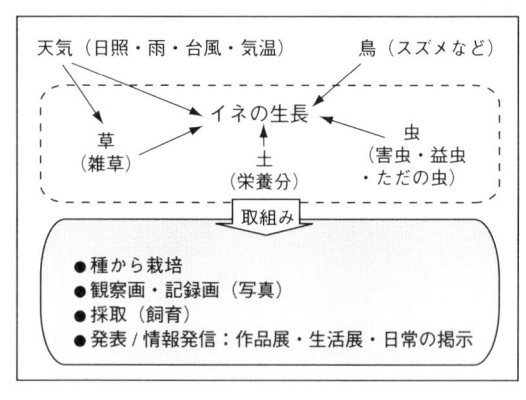

```
天気（日照・雨・台風・気温）     鳥（スズメなど）
            ↓         ↓         ↓
      草 → イネの生長 ← 虫
    （雑草）    ↑      （害虫・益虫
              土        ・ただの虫）
           （栄養分）
              ↓ 取組み
   ● 種から栽培
   ● 観察画・記録画（写真）
   ● 採取（飼育）
   ● 発表／情報発信：作品展・生活展・日常の掲示
```

お米づくりの保育と自然

お米づくりと文化

　「田んぼ」は2000年続いてきた日本の原風景であり，私たちの国土，風土を特徴づける文化といえます。お米を育てることはそうした日本の文化にふれることにつながります。

　春から初夏にかけての田植え，秋の稲刈りなどお米づくりの様子や夏から秋にかけてのスズメ除けのかかしが立つ田んぼは，季節の風物詩です。子どもたちも春や秋に田植えや稲刈りをしたり，かかしを田んぼの脇に立てたりすることで，心のなかに季節感を育みます。

　また，地域によっては「田植え歌」など地域独特の歌やお米（うるち米，餅

米）を使った郷土料理があり、お米づくりはこうした地域独自の伝統文化にふれる機会にもなります。

　現代農業では、お米づくりでコンバインなどの機械を使いますが、東門前保育園では脱穀に千歯こきを使います。お米づくりで"道具"を使うことで、お米づくりの長い歴史のなかで先人たちの知恵と工夫への気づきをうながす一つのきっかけにしています。

　脱穀後のわらの利用も独特の日本文化です。東門前保育園の子どもたちは毎年わら細工の製作に取り組み、区内保育園の協同展示会に出品しています。このように季節やお米づくりに寄り添った日本の文化をお米づくりの保育で体験していくことができます。

　園内に田んぼがあることの意義は、いうまでもなく、田んぼにより培われた生活、文化、田んぼの持つ自然に日常的、継続的にかかわることができることです。また、取り組み方によっては、お米を実際に栽培している場所（田んぼ）やお米にかかわる人（農家、米屋）など"地域"に目を向ける機会にもなります。

　園の周辺に子どもたちが使える田んぼがあればよいのですが、なかなかそうはいきません。しかし園庭にミニ畑をつくっている園はたくさんあるのですから、その気になれば、ミニ田んぼをつくることで、田んぼを利用した自然体験ができます。

　野菜と違ってお米は主食であり、食べられるまでには多くの過程があります。それゆえにお米づくりは経験としておもしろいのです。

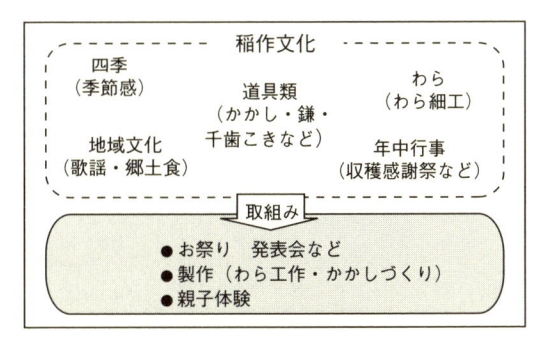

```
稲作文化
　四季　　　　　　　　　　　　　　わら
（季節感）　　道具類　　　　　（わら細工）
　　　　（かかし・鎌・
　　　　千歯こきなど）
　　地域文化　　　　　　　　年中行事
（歌謡・郷土食）　　　　（収穫感謝祭など）
                    ↓取組み
● お祭り　発表会など
● 製作（わら工作・かかしづくり）
● 親子体験
```

お米づくりの保育と文化

10章

蚕(かいこ)を飼う保育園

たかつかさ保育園（京都府京都市）

1. 蚕を育てるきっかけ

　京都市内の北西部，花園団地の一角にあるたかつかさ保育園は，1980（昭和55）年4月に開園しました。この団地は，京都工芸繊維大学の移転跡地を開発したもので，保育園の用地もその造成地の一部で，もとは繊維学部の研究棟と試験農場，おもに桑畑だった土地です。造成には建設残土が使われ，土質は硬く更地でした。開設後の10年間はこの園庭の植栽整備を最優先しました。先行する植栽がないぶん，純粋に保育との関係を考えた植栽が可能でした。果樹を率先しました。団地内に放置された桑の切り株を移植したことが養蚕へのきっかけです。無農薬で栽培活動を続けていると，当然，昆虫類も繁殖してきます。ナツミカンにはクロアゲハ，クスノキにはアオスジアゲハがよく産卵し，テングチョウも園庭で取れますので高木になっているエノキで繁殖している可能性もあります。ウマノスズクサを近隣で見つけ移植したのでジャコウアゲハが繁殖したこともあります。チョウは完全変態の昆虫であるため，スズムシより変化が明らかで子どもの興味をそそり，土のなかでさなぎになるカブトムシより，子どもの関心が持続する感じがします。

　蚕の飼育は2003（平成15）年にはじめました。近くに移転した繊維学部の研究施設で当時は4齢の蚕を売ってくれたからです。50匹ほど購入しました。そのときは，チョウの飼育とさほど変わらない感じでした。餌の桑は園庭と団地内の街路樹に残されたものを使いました。最初の2年間は，繭(まゆ)をつくらせて終わりました。本格的に大量飼育に入ったのは2005（平成17）年の偶然のきっかけか

10章●●●蚕を飼う保育園

らです。その前の秋，順調に繭ができ，成虫が出て，交尾，産卵というプロセスを観察しました。菓子箱を飼育箱にしていたので，卵の産みつけられたその箱を冬の間は暖房を避けて園舎北側の駐輪場物置に保管しました。ところが4月下旬，新年度の忙しさで蚕をすっかり忘れていた主任保育士が，別の用事で件の棚の紙箱を何気なくのぞいてびっくりし

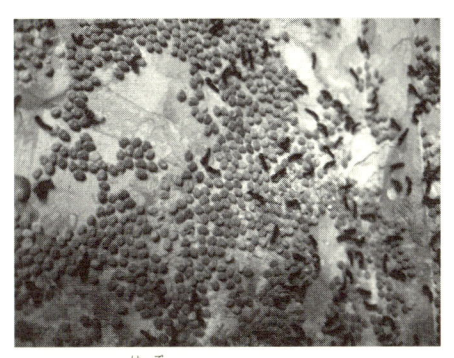

孵化直後の毛蚕

たのです。前年の蚕の卵が孵っていたからです。「アリの大群のような塊がうごめいていた」のです。毛蚕と呼ばれる第1齢です。あわてて芽吹いたばかりの桑の葉をハサミで細く切って与えました。子どもたちに実体顕微鏡で見せると「毛が生えている！　動いている！」と大騒ぎでした。それ以後，1回1000〜2000匹程度の飼育が続いています。

2. 蚕という生きものの特性

　いつどこでどのように取り組むのかという問題に入る前に，蚕という昆虫の生育の仕方を整理しておきましょう。寿命は約45日程度の完全変態の蛾です。孵化して幼虫となり脱皮を4回経て，繭をつくりそのなかでさなぎとなります。1週間ほどすると繭に穴を開けて成虫が出てきます。オスは交尾すると死にます。メスはすぐに産卵をはじめ，200〜300個を生むと死んでしまいます。その卵には，すぐ孵化するものと，越年して気温の暖かくなった頃，孵化する卵とがあります。繭から以後死ぬまでの間はまったく餌を食べません。餌は，桑の生の葉だけです。1齢から5齢までの間に体積

交尾中のオスとメス

新鮮な桑の葉をあげます　　　　　　　脱皮の前の眠の状態

で1万倍にも大きくなっていくのですが，餌の量としては，4齢と5齢の後期に全体の80％の量を食べます。実際，そのころは朝，昼，晩と3回の給餌が必要です。排泄物は固形のペレット状で，乾燥しているため臭くありません。家畜化していますので，餌を求めて移動する性質がなく，まったく人間に依存しきっています。飼育用具としては，平たいざるの上に蚕を置き，上から刻んだ桑の葉をばらまくだけで大丈夫です。もっとも刻むのは，1齢のときだけで大きくなったらそのままの葉をあげています。新鮮な葉をあげると急いで葉の上にのぼっていきます。濡れたものや，食べ残して乾燥した葉は取り除きます。問題は，餌の桑の葉と飼育場所の温度管理です。葉に農薬がついていると死にます。濡れた葉やうどんこ病のついた葉も不適です。もちろん蚊取り線香などを飼育場の付近で使用することもできません。

　極端な高温と乾燥にも影響されます。22〜25度程度が適温です。したがって，直射日光のあたるところはよくありません。脱皮の前は，1日餌を食べずじっと首を持ち上げて止まっている状態（＝眠）があります。5齢になって4，5日すると体が透きとおって見えてきます。この状態の蚕を「まぶし」という枠に入れると，まず体を支える糸を周囲に張ってから頭を振りながら繭をつくりはじめます。2日で完全に体を包み込んでしまいます。飼育場所にもよりますが，ムカデやハチ，そしてアリが蚕を捕食しに来ます。ネズミも寄って来ますので対策が必要です。

　そうした対策をするためにも，何のためにどの程度の個体数を飼うかを明確にする必要があります。昆虫の生態観察の目的ならば，チョウと同様に数匹を丁寧に飼育箱で育てることは容易でしょう。しかし，蚕の場合は，大量飼育すること

によって繊維を採る目的で飼われてきた歴史があります。したがって菜園活動に近いと思います。当園では観察するのは主目的でなく、収穫物を得てこそ成功するという目標が優先されます。またその過程で、繭を加工するために、蚕の命を犠牲にするという行為が加わります。それは、菜園の野菜を採って料理して食べるというサイクルに似ています。

3. 養蚕保育の目的

　たかつかさ保育園では、春5月と秋9月に2回養蚕に取り組んでいます。7月にも取り組んだことがありましたが、夜間も室温が35度ほどの高温になって全滅したことがあったのでやめました。自家採卵は、以前、法律で禁止されていましたが、養蚕業が衰退するとともにその法律も廃止され、雑種をつくること自体は容易です。しかし、何代も続けると成長の速さと繭の大きさに極端なばらつきが出てしまうため、現在は、全卵を蚕種会社から購入しています。ここ2年間は黄色い繭に人気があるので、一部を黄色と指定して購入しています。

　養蚕に取り組むなかで、次のような保育のねらいを考えることができるようになってきました。

①蚕は成長とともに変態する完全変態の昆虫の一種であることを知る。よく見てスケッチをさせる。変化を言葉で表現させる。

②蚕は野生の動物でないため、うまく育てるには、餌をあげるだけでなく、環境を整え、排泄物を処理するという日常の活動を繰り返さなければならず、「遊び」とは違う「仕事」の性格を知る。

③自分たちの手で蚕を大きく育てることが容易なので、手ごたえがあり、うれしい感情が沸いてくるとともに、自尊感情を得られる。

④桑の葉のみを食べて、体とさらには繭をつくる生態の不思議さを感じ、生きものと食べもののかかわりを考えさせる。

⑤繭の質感、光沢を美しいと感じさせる。さらに生糸・真綿づくりの体験で素材の手ざわりを感じさせる。

⑥絹という繊維を人間が採るために、蚕の命を途中で絶つことを知らせ、人間の営みが他の生物の命の犠牲のうえに成り立っていることを考えさせる。

⑦繭から絹糸と真綿をとる技術をお年寄りの実演によって見せてもらい、異世代

交流の機会をつくる。
⑧繭や糸を染料や園庭の草木で染める体験を通じ，色をつけて多様な用途と製作に活かせることを体験する。
⑨繭玉で指人形やアクセサリーなどクラフト製作を楽しみ，子どもたちだけでなく大人も参加して，たかつかさ保育園の特産品としていく。今までに敬老の集いのお土産，バザーの手作り品コーナーで販売した。

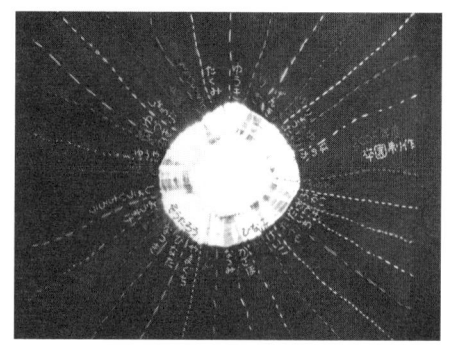

子どもたちが染めた絹糸でステッチした布

⑩近隣の西陣地域の撚糸業者にお願いして子どもたちの生糸を織物にできる絹糸に加工してもらい，地域の産業とかかわりを持つ。
⑪蚕の文化は世界中にあるので，蚕飼育をチャンネルとして外国の保育者との交流を深める。これについては，すでに，オーストラリア・メルボルン大学付属 Early Learning Centre と交流をはじめている。

このような目的にそって通年の活動が展開されています。活動の中心になるのは，年長の5歳児です。

4. 保育園での実際
〜春は5月（連休直前から）・秋は9月（中旬から）〜

毎年，新学期がはじまりそろそろ連休を迎えるという時期にいっせいに桑の新芽が芽吹き出します。秋に採卵して保存していた蚕種を外気に出しておくと桑と同じ時期に孵化してくるので楽しみです。蚕種会社へ発注すると，指定の孵化させる日にあわせて郵送されてきます。開封すると，湿らせた新聞紙にはさまれたパッケージのなかにある蚕種は，一部がすでに孵化していることがあります。数時間，室温に置くとすべてが孵ります。
①孵化したての蟻蚕・毛蚕と呼ばれる蚕は数ミリの黒毛を持つ幼虫で，肉眼ではよく見えないので実体顕微鏡を使って観察させます。桑の葉はハサミで細く千

10章 ● ● ● 蚕を飼う保育園

切りにして蚕に振り掛けるように与えます。容器は，紙箱に新聞紙を敷いて，あまり乾燥しないように桑の葉の乾き具合を見て適時追加します。毛蚕たちは，せっせと桑にとりついて葉を食べていきます。乾燥しすぎるときは覆いをします。

新聞紙の上にネットを敷くと掃除も簡単

② 2，3日経つと毛が抜けて倍近くの大きさの頭の大きな白い蚕に変化します。この段階ではもう葉を刻まなくても葉脈にそって葉を食べる様子が見られます。糞は細かな黒い砂のように底に落ちます。この段階では葉を上から与えるとひとりでに上の葉にのぼってくるので全体がのぼったのを見計らって底の食べ残しとともに新聞紙ごと除去すれば簡単に排泄物の処理はできます。

容器に余裕があればそのまま新しい葉を継ぎ足し，毎日取り替える必要はありません。ネットを敷くとより簡単に掃除ができます。

③ 最初の眠に入り1日休み，脱皮に備えます。

④ 脱皮後，またせっせと葉を食べますので，朝夕の2回桑の葉を与えます。飼育は，玄関ホールで行っています。広さに余裕のない各ク

5齢の蚕に餌の桑の葉を与える子どもたち

ラスの保育室とくらべ，蚕飼育のために独立して使えることが利点です。また，直射日光が入らない部分があり温度と通風の調整がしやすいことも好条件です。給餌する作業はこの共有スペースに来ている子どものなかで自発的に参加する子どもに手伝わせています。

⑤ 3，4日の間隔で眠と脱皮を繰り返し2週間程度で4齢虫になると，葉を食べるペースがあがります。朝あげた葉が昼には食べつくされるくらい旺盛な食欲がはっきり見てとれます。そして，最後の眠を経て最終の5齢虫になると7，

3部 ●●見てみよう

8cmの大きさになります。

　葉を触指でつかんで食べるさまはとてもリズミカルで，半円を描いて食べる動作を子どもたちも飽きることなく見続け，しぐさを真似る子もいます。イナバウアーという背を曲げるフィギュアスケートの技が話題になりましたが，眠で頭をもたげている蚕にもその呼び名がつきました。スケッチをさせると子どもたちはよく「新幹線みたい」と言います。お尻の部分に突起があることや，気門や背中の斑点などもとても細かく観察して絵を描きました。脱皮後の皮を大事に残す子どももいます。

子どもたちは飽きることなく蚕のしぐさを観察します

⑥飼育容器は，給餌しやすい竹製の平ざるを使い，あまり個体数の密度が高くならないように分けています。秋の飼育の際には，春の体験を知っている5歳児の一人ひとりに5齢虫を3匹ずつ分けて，個別に飼育させました。容器は牛乳の1リットルパックを半分に船形に切ってつくりました。小分けにすることと，自分の蚕に名前をつけることを求めたので，とても愛着を持つようになり，朝夕の葉の与え方がより熱心になりました。

　従来は，糸を取ることを予想して，あまり特定の蚕との関係を持たせなかったのですが，より成長の様子に関心を持たせる目的で個別にしてみたのです。途中で，病気になって死ぬ個体もあります。たまたま熱心な子どもの蚕が死んだときはとても悲しんだので庭に埋めて供養しました。この時期の糞は二十日大根の種ほどの大きさで大量に出ます。保存して，畑の肥料や一部を染料として使います。

⑦5齢虫になって10日ほどたつと餌を食べなくなりうろうろ移動しはじめます。体があめ色にやや透きとおった感じになるので，それを選んで「まぶし（蔟）」に入れます。入れるタイミングが遅いと，飼育している容器の角などに繭をつくることもあります。

　春には大量に飼育したため，わらまぶしを棚に並べて繭をつくらせましたが，

秋の取り組みは，回転まぶしを1基，天井から吊るして使いました。蚕は格子のなかにまず体を止める毛羽を吐いてから繭をつくりはじめます。首を振って2日ほどで内部が見えない繭になりますが，はじめは，透けているので蚕のしぐさを間近に見ることができ，子どもたちの興味がさらに強まります。

繭をつくらせるための回転まぶし

⑧ なかには，まぶしに入らずにいつまでも縁をウロウロしている蚕もいて，子どもが心配して指でつまんで入れてくれることもあります。熱心に給餌していた子どもがやはり蚕の行動にも注意を払ってくれていることがわかります。

⑨ すべての蚕が繭になると，次はまぶしから繭を外す作業があります。子どもたちには，何個の繭ができたかを数えさせたのち，大半の繭は冷凍庫に入れて保存します。採卵用のものは20個程度常温で保管します。そして，一部の繭はカッターナイフで先端を切り，なかからさなぎを取り出して，空になった繭で指人形をつくらせます。さなぎはそのままにしておくと蛾になります。お尻の模様でオス・メスの区分けができますので，採卵用にする場合もありますが，最近は採卵をせずに廃棄することもしばしばです。食用にしてはという意見もありますが，試みてはいません。

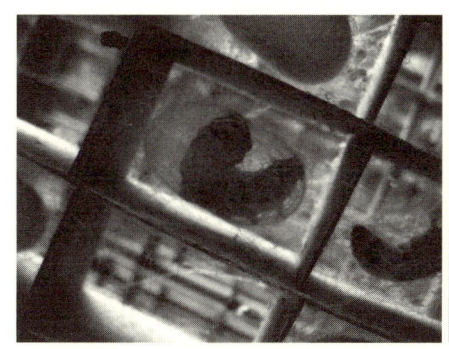

まぶしのなかの繭つくりのようす（左）とそれを観察した子どものスケッチ（右）

3部●●見てみよう

こんなにたくさんの繭ができたよ

高温の湯を使うので，繭をゆでる作業は大人がします

⑩繭は常温に置いておくと，2週間足らずで羽化がはじまります。最初はオス，次いでメスが出てきます。体形はメスのほうが丸く太いので区別がつきます。すぐにオスがメスに近づき交尾して1日ほどそのままで離れません。離れると間もなく卵を産みはじめます。秋の採卵したものは翌年の春まで寒い屋外に保存して，翌春に孵化させて飼育できます。

⑪一方，冷凍庫に入れた繭は，内部のさなぎが死んでしまうため保存できます。生糸を引くときに適宜出して，沸騰したお湯で煮て生糸を取ります。この作業は，高温の湯を使うので子どもにはできません。幸い園児のおばあさんのなかにかつて糸取りをされていた方がおられ，実演をお願いしました。園庭で簡易ガスコンロに鍋をかけ，一度に50個程度の繭をゆでます。すぐ糸口がほぐれてきますので，頃合いを見て，すばやく竹のささらのような道具で引っ掛けます。引き出した複数の糸を手早く指先で束ねていく技はとても熟練が必要なことがわかりました。均質の太さに仕上げるには，引き上げる繭の数を一定にしなければならず，機械紡績の工場で働いていたときに，その糸の太さを均質に仕上げる技術を身につけられたことを知ってとても感激しました。最初に指導してくださっ

糸をかせに巻き直す作業を見守る子どもたち

たMさんは、何度も工場で表彰されたと誇っていましたが、生糸の製法を知れば知るほど、その手際のよさに感心しました。

　子どもたちには、鍋のなかで繭がほぐれていくところを見せ、糸巻き機のハンドルを廻して糸を巻き取らせる作業をさせます。糸巻き唄を歌ってタイミングと作業量を一定にして、次々交代させて作業を続けていきます。

　糸巻きに巻き取った生糸は、そのままにしておくと表面に残っているセリシンというたんぱく質が固まってしまうので湿っているうちにかせに巻き直します。別の糸車で巻き取るのです。この作業は力加減が必要なので大人がします。乾いた生糸は、ごわごわしていて細い春雨のような感触です。

⑫このかせにした糸を、さらに精練して、にかわ成分を洗い取り、撚(よ)りをかけてはじめて光沢のあるやわらかな絹糸になります。少量でも親切に加工してくださる職人さんが西陣地域におられるお陰で、生糸にとどまらず絹糸も手づくりできています。

⑬繭のすべてを糸に引くのはとても労力が必要なので、最近は、真綿に加工することをはじめました。こちらは、重曹(じゅうそう)を入れたお湯でよく煮詰めたあと、ふやかした繭を直接、子どもの手で押し広げて、小さな角真綿（正方形）の形に整形して干してつくります。ぬるま湯のなかで繭をほぐす作業は指がすべすべしてくるので、子どもたちも「お風呂みたい、ぷにょぷにょして気持ちいい」と楽しんでできます。

⑭さなぎを取り出したあとの繭は、手芸用の天然染料を水に溶かして染めました。

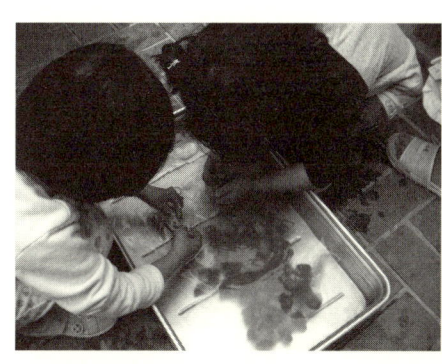

ぬるま湯のなかで繭をほぐすと、ぷにゅぷにゅして気持ちがいいね

さなぎを取り出したあとの繭で指人形ができました

3部 ●●見てみよう

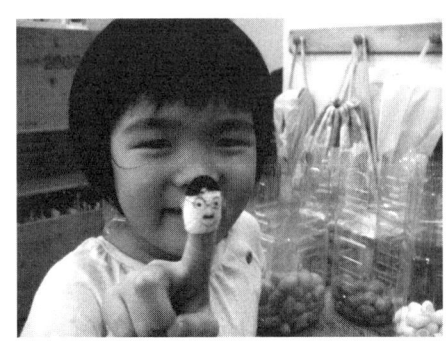

これはお父さんの指人形です　　　　いろいろな指人形ができました！

　繭はたんぱく質なのでとてもよく染まりました。それを細かく刻んで動物の耳などのパーツにして細かな人形をつくらせています。2007（平成19）年度の卒園製作は、自分たちがつくった真綿とこの繭人形を組み合わせて、回転まぶしに似せた額飾りにしました。

5. 養蚕に取り組んだことが人の輪を広げた

　大量の蚕を飼育するうえでもっとも問題になることは、その担い手の問題です。長年続けてきた原動力は、主任保育士が自分の仕事に位置づけたことです。フリーの管理職なので、クラス担任のように変らず、経験が蓄積できます。生きものの飼育に共通していることですが、絶えずよく蚕の状態の変化に気をつける必要があります。ことに、気温や餌の与え方の変化で成長の速さが違います。また、同じ種類の卵から孵った個体でも飼育の密度で成長の速さにばらつきがでます。飼育場所が玄関なのですべての保育士や子どもや親が観察する機会にはなっていますが、飼育の責任者にはしていません。各クラスの様々な保育内容と子どもの生活に責任を負うのが担任保育士の責任であり、短期間に集中する大量の蚕の飼育管理を持続させることは難しいからです。

　勤務時間の問題ともかかわってきます。4齢虫・5齢虫の時期の桑の調達には1日に3回ほど園の近所に取りに行かなければなりません。飼育期間中は、5歳児クラスの担任と子どもたちが、毎日の午後に糞と食べ残しの葉の処理に取り組んでくれますが、園外に桑を取りに行くことは都市の真ん中なのでできません。

10章 ●●●蚕を飼う保育園

他の園に蚕の飼育をすすめても，桑の確保と担い手が一番の障害になっています。しかし，少数の飼育であれば園庭に桑を数本植えることで可能です。現在，当園では園庭に約10本の苗木を育てて，数年後の飼育用に備えています。

長年，実践を繰り返しているといろいろな人のつながりができてきます。

わらまぶしはおじいさんが使っていたもの

4歳児の子どもたちが玄関に面した保育室に移動したときのことです。前年は2階の保育室にいて，直接かかわってはなかったのですが，飼育道具を用意すると「また蚕するの」とすぐ興味を持ってくれました。前年に玄関でしていたことを覚えていたのです。

保護者のみなさんの関心も高まってきました。少数ですが，蚕の飼育を経験した年代の人が子どもの祖父母にいるという保護者も存在します。2008（平成20）年の敬老の集いで祖父母の方たちにアンケートをお願いしたところ，確かな回答がいくつかありました。「祖父母のさらにその上の世代ですが，お嫁に行くときに実家で育てた蚕で着物をつくって持たせた」という経験や，「小学校の子どものころは毎日学校へ行く前と帰ってきてから桑を取りに行かされた」「蚕を育てていた部屋へ入るときは履物を別にしていた」などの養蚕の体験談が記入されていました。今，使っているまぶしは回転まぶしとわらまぶしの2種類ですが，わらのものは5歳のRちゃんのおじいさんが使っていたものを福知山から届けてくださったものです。

さらに重要なつながりとしては，京都の和装産業の専門業者とのかかわりもできました。織物，染色業の専門家に相談ができる環境にあります。また，移転した大学の研究農場から桑を買うことも現在のところは可能です。しかし，蚕研究の最先端が繊維ではなく医薬品や遺伝子レベルのものになっているため，いつまで桑を買えるか予想がつきません。京都府下ではわずか3軒の農家が業者に直接出荷する形で養蚕を続けているだけになっています。園で使っている回転まぶしはその1軒からいただいたものです。

2007（平成19）年8月にメルボルン大学 Early learning Centre で本園の取り

組みを発表し，それがきっかけで，同センターでも保育内容に蚕飼育を取り入れることになりました。記念に園庭にしだれ桑を植えました。蚕種はペットショップで売られているそうです。同センターの近くのYarralea Children's Centre では以前から育てている蚕を見せてもらいました。日本では白い繭の蚕が一般的ですが，オーストラリアでは黄色い種類が普通で，「どうして日本の繭は白いの」と意外な質問にとまどった経験をしました。

蚕飼育でつながるオーストラリアのお友だち

養蚕は5000年以上もの歴史を持つといわれ，広くアジア・ヨーロッパに伝播した文化です。しかし，化学繊維の普及と工業化・大量生産・大量消費の社会の流れのなかでどこでも手工業的な規模の養蚕は衰退しています。

ところが，21世紀になって，地球全体の環境への関心とともに，教育の課題として今日的な生活様式を再考する動きが世界中で高まっています。蚕の飼育には，生きものと人間の営みの関係を深く考えさせてくれる内容があり，保育・教育の場で再び見直されるべき価値の高いものと確信しています。日本の風土に合わせて長く飼育されてきた身近な動物としてより普及が図られるよう実践を進めたいと思います。

保育園は地域の子育てのセンターとして，その土地に引き継がれた世代間の文化と関係をむすぶうえでとてもよい位置にあると考えます。子どもたちに保育園時代をしっかりイメージさせるシンボル的な特徴がその環境に必要です。それには，子どもの生活の場の緑化と，そして，その植物と人々とのかかわりを安定的に保つことが大切だと考えてきました。養蚕に取り組んだことで，この関係をさらに深く意識できました。

解説

「蚕を飼う保育」

　たかつかさ保育園は，庭に桑の木があるのがきっかけとなり，蚕を手に入れ，飼育を開始しました。繭ができて，成虫が出て，交尾，産卵というプロセスを観察したところで，蚕の卵が孵（かえ）っているのを見つけたことから本格的に飼育活動がはじまります。蚕を飼って，観察するだけでなく，繊維を採るという昔からのやり方をやってみたいと考えました。養蚕に取り組むなかでしだいに保育としての次のようなねらいがはっきりとしてきました。

　蚕の完全変態の昆虫としての性質がわかる。家畜あるいは野菜の栽培のように，餌をあげるだけでなく，環境を整え，排泄物を処理することを日々繰り返すのであり，これは仕事に類している。蚕を育てる手応えがあり，楽しさと自尊感情の育ちがある。生態の不思議さを感じ，生きものと食べもののかかわりを考える。繭の美しさを感じる。絹を得るために蚕の命を絶つのであり，生物の命の犠牲のうえに生活が成り立つことを考える。伝統的な養蚕の活動のあり方を知り，地域の文化的な活動とのむすびつきを図る。

　このように，蚕を飼う活動は，自然として文化として命の教育として，多様な意味を込めていくことができます。

　確かに養蚕の活動は相当の専門性が必要であり，桑の木もいく本も必要で，多量に餌を食べる時期は1日に3回桑をやる必要もあり，始終葉を集めなければなりません。しかし，その手間がかえって，本実践では人と人のつながりをつくり出し，さらに地域の専門家とのむすびつきを見いだすことに発展しました。経験者に学び，園で継承していく必要があります。地元の伝統工芸の存在に気づき，子どもへと伝えられるようになりました。園のなかでも年長の取り組みが下の年齢へと波及していきます。

　そういった自然にかかわる栽培活動は，文化としての豊かな文脈のもとで，その手間の大変さがかえって自然の恵みと昔からの工夫の技の意義を感じられるようになります。蚕の生態が子どもにとって観察しやすく，また時期による蚕の変化の劇的なありさまが子どもの興味を引きつけ，自然の不思議さを心に刻みます。

　大がかりな活動を進める保育者の配慮と献身が単なる苦労ではなく，保育の喜びとなり，そこに子どもが入り込み，また保護者も巻き込んでいく様子がわかります。自然は文化と切り離せないものとしてあったのです。

11章

保育における動物飼育

太平寺幼稚園（大阪府堺市）

1. はじめに

　太平寺幼稚園は，大阪府堺市西区の旧市街地域とニュータウンの間にあります。堺市は近年，都市化が進んでいますが，幼稚園は調整区域にあるため，周囲を田んぼで囲まれており，自然豊かな環境にあります。通園児の約半数は地元地域から，残りの半数は市街地域から通っています。創立は1978（昭和53）年で，現在，3歳児36名，4歳児77名，5歳児83名，合計196名の園児が通っています。

　太平寺幼稚園では以前よりニワトリ，ウサギ，アイガモ，カメなど多くの動物を飼育してきましたが，1999（平成11）年より大阪府私立高等学校等特色教育振興モデル事業として，幼稚園でヒツジを飼育し保育に活用する事業をはじめ，幼稚園における動物飼育の意味と位置づけを考え直すことをはじめました。

2. なぜ，幼稚園で動物を飼うのか？

　本園の動物飼育に対する教育的意図として，以下の2点があげられます。
① 動物と直接ふれる体験をとおして，子どもの心が安らぎ，豊かな感情，好奇心，思考力，表現力の基礎が培われることを踏まえ，動物とのかかわりを深めることができるようにする。
② 動物から得た感動を伝え合い，共感し合うことなどをとおして自分からかかわろうとする意欲を育てるとともに，様々なかかわり方をとおしてそれらに対する親しみや畏敬の念，生命を大切にする気持ち，公共心，探究心などが養われ

るようにする。

　『幼稚園教育要領』にも記載されているように，人間の生活や発達は，周囲の環境との相互関係によって行われるものであり，それを切り離して考えることはできません。特に幼児期にどのような環境のもとで生活し，その環境にどのようにかかわったかが将来にわたる発達や人間としての生き方に重要な意味を持つことになります。そこで，幼稚園では計画的な環境をつくり出し，その環境にかかわって子どもが主体性を十分に発揮して展開する生活を通して，望ましい方向に子どもの発達をうながすようにすること，すなわち「環境を通して行う教育」が基本となります。幼稚園で飼育される動物もその環境の一つです。動物を飼育するときは，一人ひとりの子どものなかに何を育みたいのか，どのような経験を必要としているのかを明確にし，意図を持って動物飼育を保育に取り入れる必要があります。

　また，前述の目的を達成するために，何をどこでどのように飼うのか慎重に考える必要があります。太平寺幼稚園では，ウサギ，ニワトリ，アイガモ，ヒツジ，ザリガニ，カメ，川魚，カブトムシ，スズムシなどを飼育しています。ヒツジを除いてはどれも，もらわれてきたり，子どもが捕ってきたりしたものです。あまり，突飛なものは飼わないように，子どもになじみ深い動物を飼うように心がけています。以前は，教室から遠く離れた園庭のすみにウサギ小屋がありましたが，子どもが日常的に動物とかかわれるよう，ケージ飼育とし，職員室の前と年長児の教室に置いています。子どもがよく遊ぶ砂場に近いところに池をつくって囲いをし，そのなかでアイガモやニワトリを飼い，ケージ越しに餌をあげることができるようにしています。その他，魚やカメ，ザリガニなどは子どもが最もよく目にするであろう職員室前で衣装ケースなどを利用して飼育し，子どもが見やすく，また，ふれることができるようにしています。

3. 動物飼育において，大切なこと

　幼稚園で動物を飼育し保育に展開するにあたって最も大切なのは，実際に子どもに接する保育者の役割です。子どもたちは保育者や周囲の子どもがその環境にどうかかわるかを見て学んでいきます。家庭などで自然とあまりふれたことのない子どもは，まさに保育者のふれ方や世話の仕方から学んでいくことになり，保

育者が生命を大切にするかかわり方をすれば，子どももそのようなかかわり方を身につけていくでしょう。その意味で保育者は自分自身の自然や生命へのかかわり方が子どもたちに大きな影響を及ぼすことを認識する必要があります。子どもに真似をされるにふさわしい行動をすることはもちろんですが，子どもに真似をされるにふさわしい考えや思いを持って，ゆったりとしたリズムで生活をしていることが大切です。

　次に考えなくてはならないことが，家庭との連携です。子どもはまわりの大人すべてから影響を受けるため，家庭の人に幼稚園の教育方針や意図を知ってもらうことはとても大切です。保護者会やプリントなどで幼稚園がどういう意図を持って保育に取り組んでいるのかを知らせ，理解してもらい，ときには参観などで実際に保育を行っている場面を見てもらいます。家庭と手を取り合いながら，子どもの気持ちを大切に育てていきたいと思っています。また，動物が苦手であったり，アレルギーやアトピーがあり動物とふれあうことが難しい園児については，保護者と相談のうえ，どの程度ならふれあうことができるか，状況を見ながら判断しています。

　そして，活動の内容も重要です。保育の展開において，子どもが自ら活動に取り組むためには何よりも子どもがやってみたいと思う活動に出会う機会がなければなりません。それにはまわりにいる大人がゆったりとした気持ちで，していることを見せてあげるのがよいでしょう。本園では動物の世話は基本的に保育者がしていますが，自分の身近な大人が動物の世話をしている光景を見ることによって，子どもに自分も同じことをやってみたいという気持ちが生まれてきます。

　年長児になると，当番でヒツジの世話をします。年中児は年長児がヒツジの世話をしているのを見て，年長さんになったらヒツジのお世話ができるという前向きな気持ちが出てきます。また，保育者が子どもには難しい羊毛を梳いたり，毛糸にしたりという作業を子どもたちの前でしていると，「これ何に使うの，私もやってみたい！」と子どもたちが次々とやって来て手を出します。子どもたちの自ら育っていこうとする芽を摘まないようにしながら，子どもに「させる」ことによって，その芽が伸びるように支え，見守り，そして，時には導くようにしたいと思います。本園では学年ごとに次のような目標を持って活動しています。

年少児（3〜4歳）
　目標：幼稚園の動物に慣れ，親しみを持って接する。

年少児のなかには幼稚園の飼育動物が生まれてはじめて接する動物である子どもも多く，そのときの初体験がそのあとの子どもにとって与える影響は大きいです。噛まれたり，引っ掻かれたりと嫌な体験をしてしまえば，その嫌だった思いは後々まで心のなかに残ってしまい，動物嫌いになってしまう可能性もあります。また，動物に対してやさしく接することもまだ難しいので，子どもと動物，両者に危害がないよう，子どもが動物に接するときは，保育者が必ずつき添うようにしています。

年中児（4～5歳）

目標：動物に愛着を持って接する。

2年保育の園児も多いため，動物や子どもに危害のないよう，保育者は細心の注意を払います。園外への散歩の際にウサギやヒツジにあげる草を取ってきて餌をあげたりして，動物とかかわる時間を多くとり，子どもたちが愛着を持って動物と接することができるようにしています。

年長児（5～6歳）

目標：動物の気持ちになって考える。

教室内でウサギの飼育を行い，自由遊びの時間などでは自由にウサギと接しています。日常的な動物の世話は保育者が行いますが，園児が当番制で，ヒツジの掃除，餌やりを行うことにより，動物の世話を直接体験しています。また，設定保育でウサギを抱いたり，聴診器を用いて自分の心臓の音とくらべてみて，ぬいぐるみと生きているウサギではどこがどのように違うのかを話す取り組みを行っています。

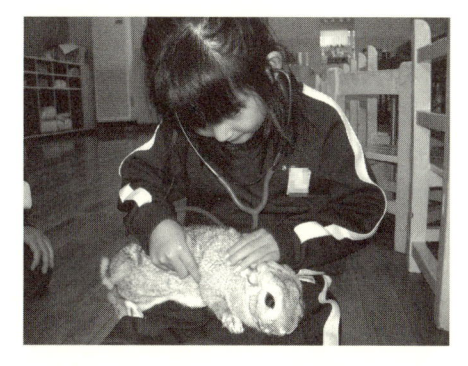

聴診器でウサギの心音を聴く様子

4. 幼稚園におけるヒツジの飼育について

本園では1999（平成11）年より，大阪府私立高等学校等特色教育振興モデル事業として，ヒツジを2頭飼育し，保育への活用を行っています。事業のテーマ，

目的は，「①自然に対する正しい知識や基本的概念を直接体験することにより得る」と「②人と動物（自然）の関係を長期的な家畜の飼育によって体感する」です。ヒツジは，古くから人間によって家畜化され，その羊毛，肉，乳などが利用されてきました。今回，幼稚園でヒツジを飼うことにしたのは，愛玩動物としての情操教育の目的のみではなく，家畜としての古くからあった人間と動物との関係について，園児たちに直接体験することにより感じとってほしいと考えたからです。また，ヒツジは絵本や物語に多く出てくる子どもにとってなじみの深い動物です。そして，ヒツジを飼育する利点としては，日本でも古くから各地で飼育されており，その導入および飼育が比較的容易であること，飼育，観察に危険の少ないこと，餌代等の維持コストが安いこと，動物から人にうつる病気が少ないこと，そして取れる羊毛が園内の製作等，実際の保育に活用できることにより，人間と動物とのかかわりを直接的，具体的に体験できることなどがあげられます。

　ヒツジを飼育するにあたり，ヒツジの購入方法，飼育する場所，普段の世話，餌の購入方法，健康管理など考えなくてはいけないことが，たくさんあります。本園では，私が獣医師免許を持ち，ヒツジについてある程度の知識もありましたが，飼育するのははじめてなので，購入を含め，最初の2年間は動物商を営む業者にサポートしてもらいました。健康管理は，普通の犬猫病院とは専門が違うのでヒツジを扱える獣医師に依頼し，年に数回，寄生虫の検査や駆虫，健康診断をしてもらいます。

　現在は園庭の一角の囲いのなかに運動場と夜にヒツジが入る小屋をつくり飼育しています。普段の世話は朝と夕方に便の掃除と餌やりを職員が行います。餌は牧草が主体で近くの市民牧場で業者を紹介してもらいそこから仕入れています。だいたい，月に5〜6千円程度です。2頭で毎日バケツ1杯分の糞が出ますが，堆肥にして，子どもたちの植える草花の肥料にします。このヒツジの飼育は，本園の保育のなかで次のような活動につながっています。

● **ヒツジ当番**

　年長児になるとヒツジのお世話を

ヒツジ当番の子どもたち

11 章 ●●● 保育における動物飼育

するヒツジ当番があります。グループに分かれて毎日交代で，保育者と一緒にヒツジの世話をします。はじめて接する大きな動物に恐々としていた子どもたちもすぐに仲良しになります。手から餌をあげたり，ヒツジに頬ずりしたり……。「くさい，くさい」と言いながらも，「きれいになったら気持ちいいね」「ここにもまだあるよ！」と一生懸命掃除します。みんな次の当番が来るのを楽しみにしています。

ヒツジさんと仲良しになったよ

● 羊毛を用いた保育

　毎年５月になると子どもたちの前でヒツジの毛刈りをします。本職の人のようにはできませんが，私がペット用のバリカンで少しずつ刈り取ります。子どもたちは，「ヒツジがヤギになった！」と大喜びします。自由参加ですが毛刈りには毎年多くの保護者が参観に来られます。

　身近な動物であるヒツジからとれた毛を使って四季折々にフェルト製作や人形製作を行います。つくったものを両親にプレゼントをしたり，自分で使ったりして，子どもたちは自然や動物とのつながりを感じ，人と動物，自然との関係について様々

フェルト製作に取り組む子どもたち（上）そのフェルトでつくった人形や毛糸のアクセサリー（右）

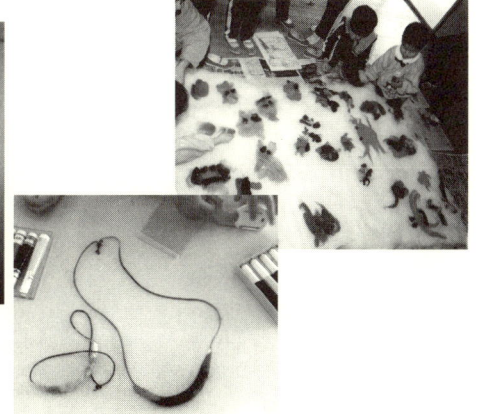

127

なことを学んでいきます。毛刈り，洗毛，染色，毛梳きなどの作業をとおして子どもたちは，ものができるまでのプロセスの大切さを感じとり，見とおしをつける能力を身につけます。また，これらの作業は非常にメンタルケアの力が強いものであり，子どもたちの心を落ち着かせ，安心した気持ちにさせてくれます。加えて，年長児が取り組む織物は思考を組み立てる力を育みます。

毛糸の帽子もマフラーもみんなヒツジさんの毛からつくられたもの

● **フェルト教室**

家庭の方にも幼稚園の取り組みを知ってもらうため，保護者向けのフェルト教室を年に数回行っています。羊毛を使ってマフラーや敷物などいろいろなものをつくります。

以上のように，ヒツジから毛がとれ，それが実際に自分たちにとって役に立つものになるということを知るという目的のみなら，動物園に行ったり，牧場に行ったりすることによっても同様の体験ができ，レンタル飼育という方法もあります。しかし，そのような場合は，子どもたちがヒツジを身近な存在としてとらえ愛着を持って接することは困難です。毎日毎日，世話をして同じヒツジに接することで，愛着が生まれます。また，動物レンタルで必要があるときだけ動物を飼

フェルト教室は保護者の方にも好評です

楽しい人形やカバンもつくれる

うという「大人の姿勢」には問題があるようにも思います。安易に動物を飼い，いらなくなったら捨てる大人が増えていると聞きます。動物を飼育するということには責任があり，手がかかり，大変なことですが，そういったことを子どもに見せ，感じとってもらうことが心の教育につながっていくと考えています。

5. 動物飼育をとらえ直してからの変化

　園での動物飼育をとらえ直したことで，様々な変化が見られるようになりました。まず，ウサギの教室内飼育をはじめたことにより，子どもたちはクラスに新しい友だちが増えたように喜んでいました。興味のない子どももいますが，遊びの輪のなかにウサギがいる光景も徐々に増えてきました。「あまり遊びすぎると疲れちゃうから，10分だけにしようね」という保育者の言葉を子どもたちは素直に理解することができました。はじめは抱くのが下手でウサギが暴れてしまい，引っかき傷だらけになっていた子どもも，やさしくウサギを抱くことができるようになりました。

　ヒツジの飼育によっても，新たな育ちが見られるようになったと思います。最初は大きなヒツジを怖がっていた子どもも，普段から接しているうちに怖がらなくなってきました。お当番の際も，「うんこきたない！」と言っていましたが，しだいに，きれいに掃除してあげようという気持ちが強くなり，丁寧に掃除することができるようになってきました。人と動物（自然）の関係についての深い理解にはいたらなくても，ヒツジからとれた羊毛を使っていろいろな物をつくり，それを身につけたり，人にプレゼントしたりすることによって，ヒツジからとれた羊毛が人の役に立っていることについては，自信を持って話すことができるようになったと思います。

　クラスでかわいがっていたウサギが死んでしまった翌日，子どもたちにその事実を話したときに保育者の目から涙があふれました。はじめはウサギを教室で飼うことを嫌がっていた保育者です。そんな保育者の姿を見て子どもたちも心から悲しみ，一緒に泣く子どももいました。教室でウサギを飼育することにより，保育者と子どもたちの心のなかに，命に対する尊い気持ちが芽生えていたのかもしれません。

　年長児くらいになると，死んでしまうということはどういうことか，きちんと

理解することができます。幼児期にやみくもに生死にかかわる事象にふれさせることは，好ましくないと思いますが，かわいがっていた動物の死も貴重な体験の一つだと考え，隠さずに子どもたちに伝えるようにしています。ある研究では，かわいがっていた動物との死別体験のある子どもは大人になってからも，自殺を否定する傾向にあるそうです。学校飼育動物研究会の中川美穂子先生は『動物と子ども　園での飼い方・育て方』（フレーベル館，1988年）で「動物は命があるからこそ，生きているときと死との落差が大きいからこそ心を震わせる体験を与えてくれる」といっています。

　変化したのは，子どもと保育者だけではありませんでした。「ゲームを買うよりも，動物を飼いましょう」そんな幼稚園のよびかけに多くの人が賛同してくれました。幼稚園で生まれたスズムシの飼育者を募集したところ，たくさんの方が応募してくださって，大変うれしく思いました。また，幼稚園でヒツジを飼うようになり，入園希望者数が増えてきたように思います。幼稚園周囲で宅地開発が進んでいることもありますが，保護者のなかにもしつけや知育よりも子どもの心を豊かに育てたいと思う気持ちが強くなっているのだと思います。

6. 今後の課題

　幼稚園における飼育動物の保育への活用は，その環境設定もさることながら，子どものまわりの大人の影響が大きいと思います。本園でも，研修などで動物との接し方，子どもへの対応などを話し合っていますが，やはり，動物好きの保育者とそうでない保育者では，動物へのかかわり方が違ってきます。いくら子どもの前では，かわいいねと言ったり，愛着を持って接しているようにふるまっていても，どこかで動物を避けているのを子どもは感じとってしまうでしょう。嗜好の問題なので仕方のない話なのかもしれませんが，子どもの目に見えない部分を育てたいと思っている以上，今後の課題となるものです。

　同様に，家庭における保護者の影響も見過ごせません。随時，プリントや保護者会などで園の方針や考え方を知ってもらうように努力はしていますが，興味，関心のない保護者がいるのは事実で，家庭での時間の多くをゲームやテレビで過ごしている子どももいます。いくら園で子どもがいろいろな体験をし，保育者が話をしていても，「家でおかあちゃんがこう言っていた」で台なしになってしま

うこともあります。子どもたちが，一番信頼し，安心できるのは保育者ではなく，家庭の両親です。今後も，いろいろな形で，情報を発信し，幼稚園のことを知ってもらえるように努力していきたいと思います。また，普段，幼稚園の動物の世話は教職員で行っていますが，親子で登園して餌をあげたり，掃除をしたりする機会もつくってみたいと思っています。

7.「自然〜人〜生活」をむすぶ

　当園の取り組みの意図は前述したとおりですが，「自然〜人〜生活」をむすぶという観点から見た場合，そのポイントは二つあります。

　一つは，動物をできるだけ，子どもの身近におくことです。動物がいつも身近にいる環境をつくることによって，子どもたちは動物たちに愛着を持って接することができ，自分と動物との関係を築くことができます。幼稚園で飼っている動物たちは，子どもたちにいろいろなことを伝えてくれます。物言えぬ動物だからこそ，子どもたちは身体をとおして，生命の尊さ，温かさ，弱者をいたわる心，相手の喜びが自分の喜びになることなど，いろいろなことを感じとります。

　また，動物と接することで，子どもたちの心は安らぎ，安心した気持ちになります。幼稚園は子どもたちがはじめて親もとから離れて集団生活をする場ですが，不安な気持ちになり泣いてしまう子どもも多くいます。でも，そんな子どもをウサギのそばにつれて行き，こちらが黙って餌をあげていると，不思議と自然に泣きやみ，自分からウサギに餌をあげたり，さわり出したりします。これにはどんなベテラン

羊毛をふわふわにほぐします

毛糸をたて糸に上下，上下と通して織物をつくります

の保育者もかないません。近年，老人施設や，障害者施設で全国的にアニマルセラピーが行われていますが，動物たちには人を元気づけたり，癒したりする不思議な力があるのでしょう。

そして，もう一つは原材料から製品までの流れを子どもたちが実体験することです。日々のヒツジの飼育→毛刈り→洗毛→染色→毛梳き→フェルト製作という一連の流れを見たり体験することにより，子どもたちは，自然を身近に感じ，自分の生活に自然からとれたものが生かされていることを実感することができます。そして，こうしたものごとの因果関係を知るということは，子どもたちの「見とおしを立てる力」につながっていきます。

大きなフェルトは運動場を転がしてつくります

大脳生理学的に，前頭葉は精神機能中枢といわれ，人間を人間たらしめるのに必要な高次の精神機能の中枢です。意思や計画性，創造性，理性などを司ります。「見とおしを立てる」のも，この前頭葉の働きです。逆説的で，少し乱暴かもしれませんが，自然や動物とのふれあいをとおして，「見とおしを立てる」ことを子どもたちに体感させることは，前頭葉の発育をうながし，理性や創造性など，総合的に，子どもを人間として成長させることにつながっていくのではないかと思っています。

いうまでもなく，人は様々なものとかかわりながら生きています。大きな自然の枠組みのなかで生活をし，衣食住など自然から様々な恩恵を受けているのですが，私たち大人も含め，現在の子どもたちが，そういったことを日常の生活のなかで実感することは難しいかもしれません。環境の都市化，宗教観の希薄化，生活の多様化，作業の細分化等，その原因は様々あると思います。

先に本園の行っている飼育動物の取り組みから子どもたちが学んでいるであろうことについて考察しましたが，様々な自然体験をとおして「自然〜人〜生活」のむすびつきを感じることは，最終的に子どもたちの「生きる力」にむすびつくものだと思います。当園の取り組みで，どこまで子どもたちが自然と生活のむすびつきを感じることができているのかはわかりませんが，大切なのは，子どもたちが普段の生活のなかで，自然とのむすびつきを継続して実感できることではな

いかと思っています。幼稚園だけでなく子どもたちが一番多くの時間を過ごす家庭，今後通う小学校や中学校，地域社会などで自然を身近に感じ，生活とのむすびつきを感じることができるようになるには，どのようにしていけばよいか考えなければいけないと思っています。

解説

「動物飼育」

　保育では，命の大切さを学ぶために動物飼育を取り入れてきました。しかし，命の大切さを学ぶためには，その飼育のあり方がいかに重要であるか本実践は示しています。もともと人間の子どもは動物に興味や関心を持つようですが，それらを共感・愛情にまで高めるためには，その動物の立場に立って，その動物と時間を共有しなければなりません。幼児期の子どもが動物飼育に主体的にかかわるためには，それがうまく継続するような飼育環境を保育者がつくり，活動を考えねばならないのです。その基礎として動物についての知識と愛情が必要です。

　この実践で魅力的なのは，ヒツジという大きなほ乳類を飼育している点です。大きい動物はその存在感が圧倒的で，最初は少し怖れを感じるところがありながらも，同じほ乳類であるので親近感を持つことができます。ヒツジはもともと毛や肉を取るために家畜化された動物で，人間とつき合いの長い動物です。近代化された現在においても，私たちのセーターやスーツの「毛」とか「ウール」はヒツジの毛を指し，私たちの生活に欠かせないものです。この実践ではヒツジを単に飼うだけではなく，ヒツジの毛を刈り，フェルトづくりまで経験します。私たち人間の生活が有史以来こうした動物の存在に依存していること，ヒツジの存在からフェルトの作品になるまでの過程に数多くの作業があることを体験します。考えてみれば，私たちは衣食住のすべてを自然に依存しています。Tシャツの綿はワタ属の植物から，ネクタイの絹はカイコガという動物から，化繊も石油などの自然物を加工したものです。多くの人の手が入って使える形になり，私たちの手もとに届きます。食べものもそうです。人間がつくったものという錯覚に陥りそうですが，単に自然物に手を加えただけです。しかし，その「自然物に手を加える」ということがヒトという動物を人間にしました。ところが，手を加え終わった商品としてしか経験できないのが現代社会の生活です。だからこそ，そうではないことをどこかで学ぶ必要があるのです。

12章

自然体験と父親の子育て力

ひがしやま幼稚園（東京都目黒区）

1. はじめに

　社会の変化とともに保護者の子育てに対する感覚もずいぶんと変わってきているように思われます。今，保育者たちがかかえている問題の一つは，保護者が「子どもを主体とした子育てに向かう姿勢」を持つように支えるにはどのように仕向けていけばよいのかということではないでしょうか。就労している保護者が多い保育園ならともかく，幼稚園でもそのようなことをいっているのかと疑問視する方もいることでしょう。確かに幼稚園の現状の問題は，保育園のかかえている視点とは多少違うところがあります。しかし，「子どもを主体として子育てをする」という，子育てのあり方が，保護者の意識のなかであたりまえのことでなくなっている，というところで共通しているのではないかと思われます。

　岡本夏木は著書『幼児期』（岩波新書，2005年）で，「子どもを大人の"操作対象"として見る，大人の意図するところに沿って子どもを操作し加工できる対象とす

見て，オタマジャクシの足がはえてる（ビオトープの池で）

る見方が，ますます強まっている」というように論じています。

　もちろんほとんどの保護者がそのようになっているということではありません。しかし，傾向として「子どもにとって」よりは「自分自身にとって」を優先して，子育てにおけるできごとの善し悪しを判断しているように思われることがよくあるのです。たとえば，遠足に行く場所は，自分がついて行っても楽しい場所にしてほしい，園以外のところに迎えに行くような場合は，なるべく近くにして欲しいなどという要望もその一つです。

今日ね，水やり当番なの

　では，どうしてこのような事態になってしまうのか。その答えは単純には出てこないと思うのですが，一つには，今，親になっている世代の人たちは豊かな子ども時代を過ごしてきたのか，子ども時代に思いきり遊んできたのか，ということがあります。親たちは，大人になるまでの間には様々な経験をしてきたのでしょうが，どうも子ども時代に必要なことを経験していないのではないか，十分満たされた人間同士の関係や自然とのかかわりを持ち得てこなかったのではないかと思われることがあります。

　たとえば，自分が思ったことを相手に語ったり相手の話を聞いたり，相手を受けいれたり受けいれられたりする関係のなかで自分を深く知ること，相手と信頼関係を築き，ともに生きること・学ぶことを積み重ねてきたならば，相手の立場に立ってものごとを考える人間性や思いやりが育っているはずだからです。

　そこで私は，保護者が，親として「子どもを主体とした子育てに臨む力」を身につけるような場や機会を提供し，保護者を育てていくことも幼稚園の役割であると考えています。親たちが子どもとともに遊びを楽しみ，子どもの心を知ること，子どもがどんなふうに様々なことを学び，自分の力として獲得していくのかを一緒に遊びを楽しむなかで体感してもらうこと。そのような観点で幼稚園の親子活動を仕組んでいく必要があり，そのための活動として自然とのかかわりは大変有意義な営みだと考えています。

　自然とふれあい感動することや自然のやさしさ，恐さなどを自らの感性を研ぎ

すまして味わうことは，人間にとって生きる原点となる営みです。自然を媒介にして人々がかかわり，自分たちの生活を豊かにしていく，ゆったりと見とおしのある子育てを支えるのが幼稚園の役割だと考えます。

その際，父親への働きかけが今こそ大切なのです。社会の中心的な担い手である働き盛りの親の世代にとっては，子どもとともに「遊び」を思いきり楽しむ時間を持つことはなかなか難しいことだと思いますが，少しの時間でも，子どものときのような心を取り戻す努力をし，子どもの目線で子どもとかかわる瞬間を持ってもらいたいのです。

ある園児の父親が「父親は子どもと一緒に動くことで心がつながるし，父親同士のつながりができるのです。そこが母親たちと違うところではないでしょうか」と語りました。親と子で活動をともにしながら学び合えるのが，父親の子育ての特性でもあります。父親からの提案による取り組みや園主催行事のなかで見られた親子の様子から，自然〜人〜生活をむすぶ「自然体験と父親の子育て力」について探ってみたいと思います。

2. 本園の実態

ひがしやま幼稚園は，東京都内の中心部にあるわりには比較的自然に恵まれています。よく陽のあたる園庭は 427 ㎡あり，ビワやウメ，アンズ，キウイ，アルプス乙女や姫リンゴ，キンカンなど，実のなる木があります。冬にはキンカンをそのまま食べ，春には甘露にして食べ，ビワの木に登り収穫しては食べ，ウメを採ってウメジャムをクラッカーに塗って食べる。初夏には，春先に苗を植えたキュウリやトマト，ナスやオクラ，ピーマンなどを収穫しサラダにしたり野菜カレーにしたりして食べ，秋にはカキやキウイを食べる。これらの取り組みを食育につなげながら，子どもの食べることへの意欲を育て，植物を育てることや生きものへの愛情や命について考える教育を実践してきました。

見て，見て，ぼくのほうが色がこいよ
（パンジーの花で色水つくり）

12章 ●●●自然体験と父親の子育て力

　保護者が送り迎えをする本園では，四季を通じて親子が園庭の自然の恩恵を受け，幼稚園の園庭は親子にとっての憩いの場になっています。子どもの遊びに生かせる植物，ハーブやパンジー，ホオズキやフウセンカズラなどを保護者とともに育てる毎月1回のガーデニングの会には，弟妹を連れた母親たちが集い，年間を通じて園庭の自然を遊びに生かせるように整えるためのサポートをし

大きなビワの実がたくさんなりました
さあ，収穫です

てくれています。参加する母親たちのなかには，土いじりははじめてという人も少なくありません。最近では夜勤明けの父親も顔を出すようになりました。
　園庭のビオトープの池は，春はカエルが卵を産みに来る，夏はハスの花が咲く，秋にはススキが生えるなど，季節を感じられるようにするとともに，子どもが水に手を入れ遊ぶことのできる場にしています。
　「環境による教育」とうたわれている幼稚園教育において，本園は，このような豊かな自然を教育に生かせるありがたい財産を持ちながらも，それを十分には活用しきれないもどかしさを感じることもあります。その要因の一つには，教員集団の若返りなどによって，自然とかかわり，その快感を味わって育つ経験が乏しい人たちが教育に携わるようになっていることがあります。そして，もう一つは，保護者が自然のなかで遊んだ経験が乏しい，また，自然のなかでだけではなく遊んだ経験そのものが乏しいという状況があるのです。
　また，本園は在園児家族の約80％が公務員宿舎在住です。高学歴の人も多く，結婚前はキャリアウーマンとして仕事をし，地域とのかかわりがほとんどないという母親たちもいます。ここ数年の間に地方から転勤してきた家庭が多いこともありますが，親子ともに人とのかかわりが苦手，自分の思いを相手に素直に伝えるようになるまでに時間がかかるというタイプの人たちも少なくありません。
　そこで，親同士がつながりをむすぶよう，幼稚園が自主活動の機会や場を提供したり，様々な体験を用意したりしています。幼稚園が要となり，子育てに喜びを持ちつつ，地域でともに生きる関係づくりに努めていかなければ，家族は孤立

し，毎日の暮らしのなかでのイライラや不安感が増すであろう状況が見え隠れする実態があるからです。

そうしたなか，父親が参加する懇談会で，自分たちの力を生かして幼稚園をもっと楽しい活動の場にしたい，親同士のつながりも楽しみたいという要望が出され，そうした活動への熱意や力量がうかがえるようになってきました。その一つが，「オヤジの会」の活動です。

3. 「オヤジの会」の活動と自然とのかかわり

はじまりは，幼稚園がよびかけて，「お父さんと遊ぶ会」という参加型の企画を立て，泥粘土遊びを行ったことでした。そして，そのあとに懇談会「オヤジの会」を開いた際，そこに参加したあるお父さんが「子どもと遊ぶ会を自分たちで企画してみよう」と提案しました。

1年めは，世話人を募り学級単位の自主的な取り組みで「ボールを蹴って遊ぼう会」などを年間数回行い，土曜日や日曜日を使って子どもと遊ぶ取り組みがはじまりました。園長や担任もその企画に参加し，一緒に楽しむなかで，次年度にはさらに輪を広げて，自然とかかわって遊びをつくり出すような取り組みとして「オヤジの会」主催行事をやってみたいということになったのです。

8月の終わり，「オヤジの会」の主催で「夏の思い出つくろう会」が開催されました。準備をしてくれた各学級1人ずつ計2人のお父さんを中心に，その日参加したお父さんたちが運営を取り仕切ってくれました。お父さんたちは，子どもたちに楽しい経験をさせたいとたくさんのプログラムを用意し，それぞれポジションを受け持ち，親子で夢中になって遊びを楽しむという経験をしました。

事例1「炭が熾らないですよ」

プログラムの一つに炭を熾して，竹のまわりにホットケーキミックスをくっつけ，炭火で焼いてパンをつくって食べるという取り組みがありました。

父親たちが炭を熾す。……ところがなかなか熾らない。ブロックで囲いをつくり，そのなかに炭を置いて外側から竹筒で息を吹きかけます。必死の表情で炭熾しをする父親たちを子どもたちがじっと目を凝らして見ていました。「何であんなに真っ赤になってるの？」「何で吹いてるの？」などと保育者に聞きに来ます。

あまりに熱心な様子の父親たちには、子どももさすがに声がかけられないようです。炭を熾しているなかには、他の父親たちとともに子どものための活動をするという体験がはじめてという父親もいました。「楽しいけど、しんどいですね」と言いながら、火熾しに夢中になっている様子を母親たちも新鮮な表情で見つめています。少しずつ炭が燃え出すと、父親たちのうれしそうな顔が印象的だったようで、「お父さん笑ってる！」と、子どもが不思議そうにやさしい目をして伝え合うのです。

こうして子どもたちは、いつもは見たことのないような父親たちの様子を観察しながら、火を熾すという行為に不思議さを感じ、父親たちと楽しさを共感していました。

このような親子の共振・共感、親同士の和気あいあいとした雰囲気、何ともいえない人間味あふれた豊かさを醸し出す自然とのかかわり遊びこそ、「豊かな子育て」「子どもを主体とした子育て」に通じる体験になると考えます。

事例2「熾きた炭でパンを焼こう」

子どもたちが、夢中になってホットケーキの素を溶いた生地を竹の棒のまわりにこすりつけます。これはなかなかうまくいきません。指先の力を微妙に調整しながら必死になってくっつけ、ネバネバした液状のものが手のひらいっぱいにベトベトとくっつきます。その感触が、いつもなら嫌でたまらない子どもも、このときは特別であったらしく、平然とその行為を続けます。やっとの思いで竹の端から端まで生地をつけると、いよいよ炭のところに持って来ます。竹の筒をブロックの囲いに載せ、炭火の上に架かるように置きます。今度は父親たちが竹の両脇を持ち、ゆっくりと竹を廻していきます。だんだんと香ばしいにおいがして、パンができあがっていくのです。「焼けたよ」「いいにおい！」「みんなー、パンが焼けたよー」と、大きな声で子どもたちは仲間をよび合います。

1コマ1コマに新鮮な体験　おいしいパンができるかなあ

からかもし出される喜びが感じられます。

事例3「パンを食べよう。みんなで収穫した梅のジャムをつけて」

　急に雨が降ってきて，子どもたちは特設のテントのなかで雨宿りしながら，焼けたパンを目で追っています。テントのなかに置かれた机と机の間に竹の棒が何本か架けられると，子どもたちはそっと竹の下を潜りぬけ，棒と棒の間に立ちます。そして，その竹にびっしりとついているこんがり焼けたパンをむしり取っては，梅ジャムをつけて大きな口を開けて頬ばります。このジャムは，自分たちで収穫した梅を用務主事がジャムにしてくれたものです。

　雨の勢いが強くなり，あたりが暗くなっても，夢中になって竹のまわりについているパンを竹の表面がはっきり出てくるまでこそげ取っては口に入れていきました。

　竹の棒に粉を溶いた生地をつけていくということが初体験であった子どもが多く，真剣な態度と自分なりの工夫と，やり終えた満足感が見られたこと。自分たちでつけたものが焼けて香ばしくなり，食べることができる喜びがあふれ，雨の降りしきるなかでも平然と食べ続けている様子から，いかに楽しい体験であったかがうかがえました。子どもたちにとってはどの行為も新鮮であり，食べることともむすびついているため，余計に興味をひきます。夢中になって取り組むなかで，焼きついた印象や感動は格別であったと思われます。

事例4「竹を切って，コップや器をつくろう」

　親たちが竹やぶから伐ってきたばかりの竹を使って親子でコップや器をつくろう，という取り組みが行われました。数日前，この活動のために，数人の父親で，区内の竹やぶのある施設から竹を伐り出してきたのです。

　ノコギリを引く父親の姿を見ながら，子どもが「わあ，いいにおい。これって竹のにおい？」と，近くで

ゆっくりでいいからね。はい，引いて…

見守る母親に聞く子どもたち。自分も一緒にやってみたいと父親の援助を受けながら一緒にノコギリを扱います。なかなか斬りあがらないのですが，父親と一緒にノコギリを引くことの楽しさが心地よく，いつになく根気よく持続する姿を見せています。筒状の形ができあがると，「これに絵を描こう」と電気ペンを使い援助を受けながら丁寧に絵を描いていきます。ハートの印や魚の絵が描かれ，作品ができあがっていきます。「できあがり！」と，達成感を味わい，早速きれいに洗い，水を入れ，「おいしい」と飲み干す子どもたち。

　こうして，まだ切り落としたばかりの竹の香りの新鮮な感覚を親子で味わい，父親が竹を切っている様子を見て，子どもたちは自分もやってみたいという気持ちを起こし，手伝ってもらいながらやりたいことを実現できた充実感を味わっていました。はじめて扱う電気ペンを使って，親子で竹に絵を描くときの真剣さ，形が描けた満足感，つくったものを使ってすぐに道具として生かす楽しさも感じることができました。

　このような親子の共通体験をとおして育つ，感じや考え，共感し意欲を持って遊ぶことが，やがて，学ぶ意欲のある人間性豊かな子どもたちの育成につながるのであろうと思われます。子から親へ，親から子へ遊びの楽しさが伝わるのです。

　「オヤジの会」の活動は，火を熾す，伐り出されたばかりの竹を使い道具を作ったりするなどの新たな自然体験の機会となりました。そして，自分のやりたいことに夢中になる，その父親の姿は，母親にとってもパートナーの新鮮な魅力を感じさせ，子どもたちには父親への憧れと勇気を与えた，と思われます。

4. 園行事として親子遊びを仕組む

　9月中旬，親子，きょうだいが駒場野公園に集まり，公園内にある田んぼでザリガニつりを楽しむ会を行いました。石と石の間に仕掛けた餌に食いついたザリガニを，父親が真剣な表情で引っぱり上げる様子を子どもと母親がじっと見守ります。

　「もうちょっと待ってみて」と母親が言うのを受け，父親が「わかってるよ」と言いながらそっと糸を引きます。そのとき，ザリガニが糸を離れて逃げて行き，母親が「だから待って，って言ったじゃない」と父親に怒ったように言うのをじっと子どもが聞いています。「うるさいな，難しいんだぞ。文句言ってないで，

自分でやってみたらどうだ」と父親が母親に抗議します。そのときまた糸が引っぱられザリガニが食いついてきました。すかさず子どもが「けんかしている場合じゃないよ。食いついてるよ」と父親に言い、父親がタイミングよく糸を引きます。ザリガニがつり上げられると母親が「お父さん、うまいうまい！」と父親をほめたたえます。

お父さん、うまいうまい！

　こうして家族で一緒に一つのことに集中する楽しさを味わいながら、自然の遊びに親子でのめり込んでいくのです。ザリガニの動きに誘発され、家族の会話が生まれ、楽しさを共有している様子がわかります。

5. まとめ

　今ほど子育てがしづらい時代はない、子育てが怖いから子どもが欲しくないなどといわれる現代にあって、子どもがはじめて出会う集団の場である幼稚園は、親にとっても自己を問い直し、人としての生き方を切り開く場、親自身が育ち、育ち合う場になり得る可能性を大いに秘めた教育機関であるのは確かです。

　折しも、2008（平成20）年に改訂された『幼稚園教育要領』には、幼稚園の役割のなかに「子育て支援」を大きく位置づけ、地域の幼児教育センターとしての役割を担う方向を各園各自治体が模索していくよう求めています。

　そのような方向性を受け、本園でも「幼稚園の子育て支援とは」を探りながら、誕生会のセレモニーの後に、園長と誕生児の親との懇談会を設けたり、子どもの成長をわかりやすく解説し自分の目で見てもらうよう、少ない人数に分かれて行う「プチ参観懇談会」を設けるなど、様々な工夫をしてきました。しかし、幼児教育への理解をうながすとか、親同士のつながりを深めるとかということはそう簡単には達成できるわけではありません。一つひとつ事業を立ちあげ実施するたびに、保育者と親、親同士の摩擦や葛藤、失望などを繰り返し、保育者集団が"へとへと"になることもしばしばでした。

12章 ●●自然体験と父親の子育て力

　そのようななかにあって、これまで述べてきた実践は、園の意向を汲み、自分たちで自主的に動きをつくった意欲ある一部の父親によって実現されたものでした。火熾しや竹細工で力いっぱい活躍する父親たち、ザリガニつりを夢中になって行う父親たちの姿から、この「遊び心」こそ「子育て力」なのだと実感しました。

そーっと掘ってね　おいもが出てくるよ！

　忙しい盛りの父親たちですが、だからこそ、人間的な時間を取り戻す機会も必要です。親もまた子どもと同じように、遊びをとおして楽しさを分かち合い、人と人とのつながりの大切さを味わい、親としての喜びを感じながら成長していくのでしょう。親自身が遊びに夢中になることこそ、子どもの体験を豊かにするために必要であり、また、家族としてのありようにも変化をもたらす機会になるであろうと思われます。

　「これからの持続可能な社会の形成者として育っていく子どもたちに、豊かな感性と仲間と一緒につくり出す楽しさ大切さを伝えるために、父親の子育て力を培っていきましょう」というよびかけに応えてくれる親の層は必ず育つと信じ、そのことを園経営の視点として位置づけていくことが、今、求められているのです。父親が見せる遊び心は子どもの心に響き、子どもの意欲や弾む心につながります。幼稚園がその実現の場を提供し、一緒に楽しむ内容を工夫することで、親が育ち子どもが育つことを保障することができると確信します。

　幼児期の教育の特徴は「遊びをとおしての学び」であることはいうまでもありません。遊びは親と子の絆を強め、父親への親近感を増すのです。そして、その機会をくり返しもたらすことにより、活動や経験が伝達されていきます。

　そのような観点に立って園経営のあり方を工夫することにより、家族の絆を強める効果や地域で子育てを支え合う力を生み出すことも期待できるのではないでしょうか。

解説

「自然体験と父親の子育て力」

　本実践は幼稚園で自然体験を得られるように環境を整えていくことと、そこに父親のかかわりを交えていったという事例です。自然とふれあい感動することが感性を育てていき、そのかかわりがゆったりと見通しのある子育てを形成していくというのです。本園は幸い、都会にありながら自然に恵まれ、実のなる木や畑があるようです。ビオトープの池もあります。それを利用して、都会育ちで転勤も多い父親の子育て力を引き出していこうとします。

　父親たちが「オヤジの会」を進めるようになり、子どもたちに楽しい経験をさせようと、企画・運営をするようになりました。炭を熾すこと、炭でパンを焼き、収穫した梅のジャムをつけて食べること、ともに親子がかかわり、夢中になって取り組みます。竹やぶから竹を伐り出し、ノコギリで切って、器をつくります。また公園の田んぼでザリガニつりをします。

　ものをつくり出す、また生きものを探し捕まえる活動が展開されています。普段なら、パンもカップもスーパーで買ってきます。実際、それで十分おいしいでしょう。しかし、素材を自然の場から探し出すことからはじめ、そしてつくる。単においしいものを食べるということではない喜びがそこにあります。

　自然と文明の連続したつながりが現れてきます。手づくりであるとは、そのつながりのなかに人間が体をもって入り込むことです。私たち人間もまた自然の一部であり、食べものも道具も、まして生きものもその自然のまた別の一部です。手を使ってかかわり、そして全身でかかわり、五感が動員されます。

　子どももまた自然から文明へと生き、育っていくものです。子育てはそういった過程に改めて大人として入り込むことです。そこに子育ての深い感動があり、大人を親としていく働きがあります。しつけたり、教育をする、よい大人にしていくというのは、その土台のうえに成り立ちます。

　自然にかかわり、そこから生活で使うものをつくる活動は子どもも大人ももう一度自然と文明のつながりを実感させてくれます。その土台に親と子どもがともにかかわることで、親子関係の原点が確認されます。そこで育つものはすぐよい親になり、よい子どもになるということではありません。その底にある親とは何か、子どもとはどういう存在かを思い起こさせていくことなのです。いたずらに急ぐことなく、じっくりとそういった時間を共有してほしいのです。

●●おすすめの本,自然とかかわる保育実践をしている仲間や団体

【おすすめの本】
　領域環境の教科書や自然物を利用した遊び・製作の本はたくさんありますが,ここでは,この本に取りあげた内容をもっと考えたいとき,深めたいときに参考になる本を集めてみました。

🍃 子どもと自然とのかかわりを考えたいとき

- 『センス・オブ・ワンダー』　カーソン　新潮社　1996
- 『子どもの参画』　ハート　萌文社　2000
- 『知的好奇心を育てる保育』　無藤隆　フレーベル館　2001
- 『森林浴はなぜ体にいいか』　宮崎良文　文藝春秋　2003
- 『動物と子どもの関係学』　メルスン　ビイング・ネット・プレス　2007
- 『幼児のための環境教育』　岡部翠　新評論　2007
- 『足もとの自然から始めよう』　ソベル　日経BP社　2009

🍃 活動の参考にしたいとき

- 『地球となかよし はじめの一歩』　竹内美保子　フレーベル館　1998
- 『さあ森のようちえんへ』　石亀泰郎　頭脳集団ぱるす出版　1999
- 『みみずのカーロ』　今泉みね子／中村鈴子(絵)　合同出版　1999
- 『3歳からの自然体感ゲーム』　ホースフォール　柏書房　1999
- 『森の幼稚園』　今泉みね子・マイザー／中村鈴子(絵)　合同出版　2003
- 『森の楽校』　小林毅　山と渓谷社　2003
- 『川の楽校』　皆川哲　山と渓谷社　2003
- 『海の楽校』　長谷川孝一　山と渓谷社　2003
- 『田んぼの楽校』　みなと秋作　山と渓谷社　2004
- 『学校で飼う動物ぎもん・しつもん110:獣医さんが教える,飼いかたと動物のなぜ』
  中川美穂子／熊谷さとし(絵)　偕成社　2008

🍃 危険について考えたいとき

- 『子どもたちには危険がいっぱい』　村越真　山と渓谷社　2002
- 『レスキュー・ハンドブック』　藤原尚雄／羽根田治　山と渓谷社　2002
- 『野外毒本』　羽根田治　山と渓谷社　2004

●●おすすめの本，自然とかかわる保育実践をしている仲間や団体

🍃 園庭を改善したいとき

- 『アウトドア・クラスルーム』 英国教育・科学省 公害対策技術同友会 1994
- 『環境にやさしい幼稚園・学校づくりハンドブック』 ルッツ／ネッチャー 中央法規出版 1999
- 『学校・園庭ビオトープ：考え方つくり方使い方』 日本生態系協会 講談社 2008

🍃 自然や環境教育についてもう一歩考えてみたいとき

- 『成長の限界：人類の選択』 メドウズ／メドウズ／ランダース ダイヤモンド社 2005
- 『生態系ってなに？』 江崎保男 中央公論新社 2007
- 『なぜ生態系を守るのか』 松田裕之 NTT出版 2008
- 『絵でわかる生態系のしくみ』 鷲谷いづみ／後藤章（絵） 講談社 2008
- 『生態系のふしぎ』 児玉浩憲 ソフトバンククリエイティブ 2009
- 『生物多様な星の作り方』 ウィルキンソン 東海大学出版会 2009
- 『幼児期からの環境教育：持続可能な社会にむけて環境観を育てる』 井上美智子 昭和堂 2012

【自然とかかわる保育実践をしている仲間や団体】

　自然とかかわるための新しい視点がほしい・外遊びの技術がほしい・仲間から学びたい・自然についての知識を増やしたい・自然のなかの危険について考えたいというとき，下記の名前で検索してみましょう。指導者養成講座や資格取得講座，交流会などが開かれています。子どもと自然について考える仲間・実践している仲間の輪が広がります。

🍃 自然についてスキルアップしたいとき

- プロジェクトワイルド
- 自然体験活動推進協議会（CONE）
- 全国学校飼育動物研究会
- 日本自然保護協会
- 日本生態系協会（こども環境管理士・学校ビオトープ）
- 日本ネイチャーゲーム協会
- 日本野外生活推進協会（ムッレ教室）
- 森のようちえん全国ネットワーク
- 幼児と自然ネットワーク

●●あとがき

　自然とのかかわりは大切だと誰もがいうのですが，それが実践に反映されていない，自然を道具としてしか扱っていないと感じることがありました。また，自然とかかわることで子どもがどう育つかには関心があるけれど，その子どもが大人になって自然にどう向かうかには関心がないのではないかと思うこともたびたびでした。しかしその一方で，すばらしい実践に取り組んでおられる幼稚園・保育所にもたくさん出会いました。そこで，これからはじめてみようとする保育者やもっと保育を高めてみたいという保育者の思いに応えながら，さらに一歩先に進むことを後押しするようなものをつくりたいと仲間と考えたのです。「未来のために」子どもと自然をむすぶ大人たちの輪がより大きく，より強くなることに，この本が少しでも役立てばと願います。

　この本は幼児と自然ネットワーク第 14 回研究会と第 17 回研究会での議論をふまえて作成した二つの冊子がもとになっており，多くの方々のご協力によってできあがったものです。研究会開催と冊子作成は，2005 年度「PRO NATURA FUND」活動助成と 2008 年度「セブン－イレブンみどりの基金」活動助成によりました。特に，冊子作成時には NPO 法人さんぽくらぶ・環境 NGO ちびっこ探検隊・キープ自然学校・キープ森のようちえん♪プロジェクト・早出学園早出幼稚園・日本自然保護協会のみなさまにご協力いただきました。

　この本に温かみのあるイラストを描いてくださったのは，カエルが大好きな根岸華子さんです。また，北大路書房編集部の北川芳美さん・木村健さんは，私たちの思いを深く理解してくださって，おかげでとてもよいものに仕上がりました。感謝いたします。

2010 年 4 月　　井上美智子

●●執筆者一覧 ［＊は編者］

井上美智子＊	大阪大谷大学教育学部	1部1章, 2部3・5・6章, 3部8・11章解説, COLUMN, Q＆A
無藤　隆＊	白梅学園大学子ども学部	1部2章, 3部10・12章解説
神田浩行＊	みどり環境共育事務所	2部4・7章, 3部9章解説
出原　大	西宮市　関西学院聖和幼稚園	3部8章
佐藤昭美	川崎市　大師保育園	3部9章
藤井　修	京都市　たかつかさ保育園	3部10章
北口裕之	堺市　太平寺幼稚園	3部11章
川口順子	白梅学園	3部12章

●●編者紹介

井上美智子（いのうえ・みちこ）

  1958 年　兵庫県生まれ
  神戸大学理学部卒
  大阪市立大学理学研究科後期博士課程退学，理学修士
  神戸大学総合人間科学研究科後期博士課程修了，博士（学術）
  現　在　大阪大谷大学教育学部教授
  【主著・論文】
    幼児期の自然とのかかわり：これからは　発達 96 号　81-86 頁　2003 年
    幼児期の環境教育普及にむけての課題の分析と展望　環境教育　14 巻 2 号　3-14 頁　2004 年
    現代の子どもと自然との関わり　保健の科学　48 巻　419-424 頁　2006 年
    幼児期の環境教育とは何か　幼稚園じほう　6 月号　2009 年
    幼児期からの環境教育：持続可能な社会にむけて環境観を育てる　昭和堂　2012 年

無藤　隆（むとう・たかし）

  1946 年　東京都生まれ
  東京大学教育学研究科博士課程中退
  お茶の水女子大学生活科学部教授を経て，
  現　在　白梅学園大学子ども学部教授
  【主著】
    知的好奇心を育てる保育　フレーベル館　2001 年
    学校のリ・デザイン　東洋館出版社　2001 年
    現場と学問のふれあうところ　新曜社　2007 年
    理科大好き！の子どもを育てる（編著）　北大路書房　2008 年
    幼児教育の原則　ミネルヴァ書房　2009 年

神田浩行（かんだ・ひろゆき）

  1965 年　新潟県生まれ
  早稲田大学社会科学部卒
  「環境教育」「自然ふれあい」をキーワードに活動をすすめる個人事業事務所，みどり環境共育事務所（旧 K＆K プランニング）代表。川崎市幼稚園協会環境教育研究会講師(2006[H18]年～2008[H20]年)の他，幼稚園，保育園での自然ふれあい，環境教育に取り組む。
  緑（草木），翠（生きもの），碧（大地）という 3 つの「みどり」が表す自然界を大切にするという意味をこめて 2010（平成 22）年に事務所名を「みどり環境共育事務所」に改称。社会，人と自然の融合による豊かな生活，豊かな社会づくりをめざす。
  自然ふれあい団体「くすのき自然クラブ」の運営や幼稚園，保育園でのお米づくり（「田んぼ保育」），教職員研修などの環境教育，自然ふれあいの研修，調査，研究，コンサルタントの他，Web コンテンツの企画，制作などを行う。

本書は幼児と自然ネットワーク第14回研究会と第17回研究会での論議をふまえて作成した二つの冊子を元に編集された。研究会開催と冊子作成は,「PRO NATURA FUND」活動助成と「セブン-イレブンみどりの基金」活動助成によるものである。

むすんでみよう 子どもと自然
― 保育現場での環境教育実践ガイド ―

2010年5月20日　初版第1刷発行
2013年1月15日　初版第2刷発行

定価はカバーに表示してあります。

編　著　者　　井　上　美智子
　　　　　　　無　藤　　　隆
　　　　　　　神　田　浩　行

発　行　所　　㈱北大路書房

〒603-8303　京都市北区紫野十二坊町12-8
　　　　　電　話　(075) 431-0361(代)
　　　　　Ｆ Ａ Ｘ　(075) 431-9393
　　　　　振　替　01050-4-2083

© 2010　　　　　　制作／T. M. H.　印刷・製本／㈱太洋社
検印省略　落丁・乱丁本はお取り替えいたします
ISBN 978-4-7628-2716-7　　Printed in Japan

・ JCOPY 〈㈳出版者著作権管理機構 委託出版物〉
本書の無断複写は著作権法上での例外を除き禁じられています。
複写される場合は,そのつど事前に,㈳出版者著作権管理機構
(電話 03-3513-6969,FAX 03-3513-6979,e-mail: info@jcopy.or.jp)
の許諾を得てください。